KB253316

도우심과 치유를 위한 기도

도우심과 치유를 위한 기도 

초판 1쇄 | 2010월 2월 20일

지 은 이 | **W. 바클레이**
옮 긴 이 | 양길영
그 린 이 | 배명식
펴 낸 이 | 채주희
펴 낸 곳 | 엘맨

등록번호 | 제13-1562호 (1985. 10. 29)
등록된곳 | 서울시 마포구 신수동 448-6
전   화 | (02) 323-4060, 322-4477
팩   스 | (02) 323-6416
이 메 일 | elman1985@hanmail.net

I S B N | 978-89-5515-372-9 03230

값 10,000원

도우심과 치유를 위한 기도

W. 바클레이 지음, 양길영 옮김
배명식 그림, 박경은 녹음

엘맨

차례

추천의 글

주님의 위로가 되는 기도문

　세계적인 주석가 윌리엄 바클레이의 저서 '도우심과 치유를 위한 기도'를 귀한 양길영 목사님을 통해 우리말로 이렇게 만나볼 수 있게 되어 무척 반갑습니다. 저자의 목회현장 속에서 직접 길어낸 위로와 격려의 시들을 묵상하며, 독자 여러분은 큰 힘과 기쁨을 얻게 될 것입니다.

　한 줄 한 줄의 시구를 마음을 담아 소리내 읽어보니, 그간 제 삶의 깊은 고백의 기도와도 같아 참 반갑습니다. 여러분이 어떻게 기도해야 할지 알지 못하는 안타까운 어둠 속을 거닐 때, 각 장의 기도문들이 마음을 시원하게 하는 주님의 위로가 될 것입니다. 또한, 이 책을 통해 독자 여러분의 실제 삶 속에 치유와 위로의 역사를 일으키실 하나님을 기대합니다. 모쪼록 치유자, 구원자, 우리 인생의 주인으로 오신 예수 그리스도의 사랑과 능력이 독자 여러분 모두에게 덧입혀지기를 축복합니다.

　이 책을 읽는 모든 분들이 요한복음 1장과 누가복음 10장 19절에

언급된 하나님의 자녀 된 권세, 즉 뱀과 전갈을 밟으며 원수의 모든 능력을 제어할 권세를 사용할 줄 아는 더 깊은 신앙의 단계로 나아가는 데 이 책이 큰 도움이 될 줄 믿고 기쁘게 추천합니다.

최병현

인천 낙원제일교회 담임목사

형님, 축하합니다!

형님! 1984년의 봄은 苦盡甘來라는 말이 생각날 만큼 유난히 아름다웠습니다. 제 나이 30세에 그렇게도 원했던 선지동산, 장로회신학대학에 들어가는 축복의 원년이었으니까요. 게다가 캠퍼스에서 형님을 만났으니까요. 입학하면서 당연히 제일 연장자려니 했는데 웬걸, 나보다 나이 많은 사람이 몇 버티고 있는 것이었습니다. 그 중에 한 분이 바로 형님이었지요. 사람의 "만남"이란 운명적이란 생각이 듭니다. 노래 가사처럼 "우연은 아닌" 모양입니다.

오늘까지 "우리 사이에 증거가 되고, 우리 사이를 살피신"(창 31:49) 여호와 하나님의 은혜가 참으로 감사합니다. 그 때 나지막한 키에, 올백으로 머리를 올리고 천천히 걷는 형님 모습은 시골 샌님이나 세상 이치를 달관한 사람에게서 보게 되는 여유가 느껴졌습니다. 직장생활을 하다 늦게 시작한 대학생활이 익숙지 않았는지 형님은 첫 학기 내내, 신사복에 넥타이를 매고 학교에 왔고 언제나 맨 앞자리를 지키는 모범을 보여주었습니다. 선교 단체에서 성장하면서 교회 경험이 별로 없는 제게는 상당한 깨우침과 도전이 되었습니다. 그래서 신학교 4년, 신학대학원 3년을 거치는 동안 우리는 늘 "형님 먼저, 아우 먼저" 하면서 지냈지요. 신대원을 마치고 저는 미국에서 공부와 훈련을 했고 형님은 여전히 노량진교회에 머물다가 중국 선교사로 가게 되었는데 미국에서 돌아와 막 자리잡은 제가 형님의 선교활동을 후원하면서 사역 현장에 두 번 다녀온 것도 참 감사한 일입니다.

형님이 우리에게 모범을 보여주면서 그동안 몇 권의 저서와 번역서를 내신 것은 참으로 감사한 일입니다. 학교 다닐 때 늘 "영어 공부하자"고 하였지만 정작 그 영어 실력은 "별로"라고 생각했는데 이렇게 W. 바클레이 박사의 책들을 번역하다니 참 대단합니다.

형님! 요즘 들어 목회란 "서바이벌게임"이라는 생각이 듭니다. 돌아보니 동기 가운데 몇은 세상을 떠났고 이런저런 이유로 목회현장에서 떠난 사람이 한둘이 아닙니다. 저는 한국에서 목회로, 형님은 선교지에서 용케도 사역하시는 걸 보면서 우리는 좋은 시절에, 좋은 여건에 선교도 하고 목회도 하는 특별한 세대인 것 같습니다.

지난번, 〈바클레이 비유 강해집〉, 또 〈예수님의 생애〉를 내면

서 추천의 말씀을 부탁했지만 그것은 내가 할 일이 아니라고 생
각되어 사양하였는데 이번에는 〈도우심과 치유를 위한 기도〉를
내면서는 마침 84기 동기회 회장을 맡고 있는 관계로 한 말씀
적어달라 하여 잠시 과거를 회상해 보았습니다.

W. 바클레이 박사의 책에 대해서는 굳이 설명할 필요도 없지
만 이러한 책들이 신뢰하는 형님에 의해 선교현장에서 번역되었
다는 것은 특별한 의미가 있습니다. 아마 이 역시 선교활동의 하
나로서 하나님께서 영광 받으시고 많은 열매를 더하여 주실 줄
믿습니다. 건강하시고 앞으로도 계속 좋은 책 많이 내주시기 바
랍니다.

최동주 목사

인천 석천제일교회 담임목사, 장로회신학대학 84기 동기회 회장

치료자 예수님과 동역하는 치유 목회

선교지 중국 대련에서 양길영 목사님을 만난 것은 나에게 또
하나의 새로운, 신선한 경험이었습니다. 신앙의 선배이고, 또 인
생의 연륜은 속일 수 없는 것이어서 여러 가지 문제를 두고 상의
할 때마다 나름의 지혜를 얻으면서 3년 이상을 교제하며, 목회
경험이 거의 없는 저로서는 많은 도움을 받고 있습니다.

양 목사님은 그동안 몇 권의 저서와 번역서를 내셨습니다. 저는 청년 시절 미국으로 이주하여 영어가 한국어만큼이나 익숙하지만 영어로 된 원서를 읽으면서 저자와 느낌을 공유한다는 것은 극히 희귀한 일이고 더욱이 번역한 책을 읽고 감동을 받는다는 것은 드문 일입니다. 그런데 작년에 번역하신 〈예수께서 가라사대〉를 읽고 목사님을 다시 보게 되었습니다. 번역이 여간 매끄럽지 않았고 감동적이기까지 하였습니다.

지금 선교지에서 자라나는 우리 학생들, 나아가 세계 복음화와 평화에 이바지할 젊은이들에게 어떻게 하면 영어와 중국어를 잘 가르칠 수 있을까 하는 문제를 주요 선교 과제로 삼을 만큼 언어문제는 참 중요한 문제인데 양 목사님의 번역 작업은 새로운 도전이 됩니다.

영어 실력이라는 면에서는 내가 그보다 익숙하겠지만 바클레이 박사의 사상과 신학적 지식을 효과적이고 생생한 언어로 재탄생시켰다는 점에서 그의 번역은 "제2의 창작"이라 평가할 수 있습니다. 흔히들 번역은 "원작에 대한 叛逆"이라고 하는데 〈도우심과 치유를 위한 기도〉는 원문이 주는 감동 이상으로 잘 번역된 책입니다. 이 책은 완벽한 기도문이요 아름다운 문학작품, 시집입니다. 뜻밖의 병과 사고로 고통 당하는 환우들에게 위로와 도움을 줄 수 있는 귀한 선물이 되리라 생각합니다.

주님이 우리에게 오셔서 영생을 주신 것은 이 땅에서 그분의 뜻을 이루어 드리는 삶을 살기 위함이지만, 많은 사람들이 건강

문제로 정작 감당해야 하는 사명의 삶을 살지 못하는 경우가 많습니다. 저 사람은 건강에 아무 문제가 없겠거니 하고 이야기를 하다보면 그 역시 별수 없이 약과 의사의 도움을 받고 있는 것을 알게 됩니다. 아마도 대부분의 사람들이 신체적인 연약함으로 고통 당하지 않나 싶습니다. 그래서 예수님이 이 땅에 오셔서 하신 사역들 중에 병자를 치료하시는 복음서의 내용이 이해가 가기도 합니다.

"각종 병이 든 많은 사람을 고치시며 많은 귀신을 내쫓으시되"(막 1:34) "건강한 자에게는 의원이 쓸데 없고 병든 자에게라야 쓸데 있느니라 내가 의인을 부르러 온것이 아니요 죄인을 부르러 왔노라"(막 2:17) 하신 예수님의 심정도 이해가 갑니다. 예수님은 병든 자를 고치기 위한 치료자로 오셨고, 죄인들을 구원하러 오신 구주이십니다. 그래서 우리에게 주신 연약한 이들을 위해 기도하는 것은 치료자 그리스도, 성령 하나님과 동역하는 일입니다. 우리에게 이보다 더 귀하고 아름다운 일은 없다고 믿습니다.

"그러므로 너희 죄를 서로 고백하며 병이 낫기를 위하여 서로 기도하라 의인의 간구는 역사하는 힘이 큼이니라"(약 5:16) 기도 중에 회개의 기도는 치유를 위해서 나의 환부를 드러내는 것이라면 중보의 기도는 상처를 아물게 하는 특효약이 됩니다. 이번, 〈도우심과 치유를 위한 기도〉는 치료자 되시는 하나님을 초대하고, 그분이 우리의 병을 치료할 수 있도록 어떻게 구하는지를 알게 하는 매우 유익한 책이 될 것이고 병상에서 고통 당하는 사람

들에게는 하나님 앞에 겸손하게 다가갈 수 있는 선물이 될 것입
니다.

제임스 陳 목사
대련국제교회(Dalian International Christian Fellowship)

옮긴이의 글

이곳 선교지로 온 지 2년이 막 지났을 무렵, 우리의 "뵈뵈와 같이 천거할 만한" 충성스러운 한 자매가 유방암 진단을 받았습니다. 그 소식에 우리 공동체는 당연하게도(?) 크게 놀랐습니다. 물론 중보 기도를 하며 하나님께서 기적을 보여주실 거라 말하였지만 불안한 마음이 전혀 없지 않았습니다. 그런데 우리는 부산스러웠지만 정작 그 자매는 그 때나 4년이 지난 지금이나 한 번도 걱정하거나 "믿음 없는 말"을 하지 않았습니다. 이 사실은 그가 지금껏 건강한 가운데 일상과 하나님 섬기는 일을 계속한다는 것 이상의 기적입니다.

당시, 기도하는 것 외에는 특별히 할 것이 없는 나는 그 자매를 위해 W. 바클레이 박사의 〈도우심과 치유를 위한 기도〉를 번역하겠다고 약속하였고 얼마 안 되어 약속대로 그 초고를 전해주어 읽게 하였습니다.

이러한 일이 주제넘은 줄을 잘 알고 있지만 오래 전에 바클레이 박사의 〈절기기도서〉를 번역한 바 있고 그간 바클레이 박사의 책 몇 권을 번역 출판하였습니다마는 이 책은 한 충성스러운 자매에 대한 채무에서 시작되었는데 출판되기까지 4년 여가 걸렸습니다. 이렇게 늦어진 것은 원고를 보신 이규종 장로님이 매 페이지마다 예쁜 그림들을 넣어 詩集과 같이 작품으로 만들게 되었고, 또 이 책을 병원 심방용으로 하면 좋겠다는 말에 박경은 집사님에게 수고를 끼쳐서 CD에 담는 일까지 하였기 때문입니다.

엘맨출판사는 그동안 예쁘고 참신한 책을 많이 만들어내었거니와 이번에도 수고와 격려를 아끼지 않으셨습니다. 장로님과 수고하신 직원 여러분에게 감사합니다. 목소리의 주인공 박경은 집사님은 중국 대련 TV에 일하는 동안 우리 교회에 나오면서 청년부를 맡아 많은 수고를 하는 외에도 저의 번역서들을 꼼꼼히 교정보기도 하였습니다. 이 책도 사실은 거의 박경은 집사님의 작품이라 해도 좋을 것입니다. 그 감사한 마음을 책의 후기 몇 줄에 담아낼 수 없을 정도입니다.

모든 것이 감사하고 감사합니다. 모든 감사와 영광을 하나님께 드립니다. SOLI DEO GLORIA ! 아멘. 아멘.

양길영

서 문

　이 책은 병으로 고통 당하고 있는 이들, 병원과 요양원에서 또 집에서 질병과 고난에서 회복을 기다리는 이들의 기도생활을 돕기 위하여 기획되었습니다. 물론, 후에 증보되었습니다마는 〈대영주보(The British Weekly)〉 편집인의 요청으로 정기적으로 실렸던 내용으로 처음부터 책으로 출판되리란 것을 염두에 두지는 않았습니다. 이 책을 출판하게 된 데는 나의 절친한 친구이자 저명한 신학자요 글래스고의 배틀빌트 동부교회를 담임하시는 스탠리 C. 먼로 목사의 권고와 아이디어에 힘입은 바 큽니다. 본문의 여러 소제목도 그가 붙인 것인데 이제 보니 적절하기도 하려니와 유용하며 썩 마음에 들기도 합니다. 이는 그의 오랜 목회현장에서의 경험이 가미되었기 때문일 것입니다. 이 점에서도 저는 그에게 많은 빚을 졌습니다.

　이 작은 책이 육신적으로 또 영적으로 많은 어려움 가운데 있는 형제자매들에게 평안과 위로를 끼칠 수 있기를 바랍니다.

글래스고대학에서, W. 바클레이

기독교 신앙과 건강

근자에 진행되는 건강에 대한 논의 가운데 〈정신신체학 (psychosomatic)〉이라는 말이 널리 쓰이고 있습니다. 이 말은 헬라어의 두 단어, 곧 정신을 의미하는 프슈케(psyche)와 육신을 의미라는 소마(soma)가 결합된 말입니다. 그러니까 육체적인 면과 정신적인 면에서 동시에 원인이 되는 것, 혹은 육체와 정신에 동시적으로 영향을 주는 병을 다루는 것을 일컫는 말입니다. 그리하여 요즘에는 질병이라고 하면 정신신체의학의 문제로 다루는 것이 보통입니다.

한때는 우리의 병을 두고 두 가지 영역, 곧 육신의 병과 정신의 병으로 나누어 육체에 영향을 미치는 원인, 그리고 영적이고 정신적인 면에 악영향을 주는 요소 등으로 구별하여 다루었지만 이러한 구분은 점차 줄어드는 추세로 환자들의 육체뿐 아니라 정신, 영을 함께 치유하는 이른바 "전인적인 치유"의 강한 경향을 보입니다.

한 사람의 인격을 두고 육신의 영역과 영혼의 영역, 육체와 정신으로 구분하기 어렵듯이 이 두 가지 요소는 서로 얽혀 있는 것이고 뒤섞여 짜여진 옷감처럼 서로 분리할 수 없는 것입니다. 어느 한쪽에 이상이 오면 반드시 다른 편에도 영향을 주도록 되어있는 것이지요.

이 두 요소가 어떻게 상호 작용하는 가를 아는 것은 그리 어렵지 않습니다. 마음은 신체에 직접 영향을 줍니다. 가령, 우리의 심리 상태는 즉각 신경성으로 발전합니다. 실제로는 아무런 이상이 없는데 스스로 어딘가 병이 있다고 여기는 사람은 얼마 못 가 정말로 병이 듭니다. 신경과민은 곧 혈압을 상승시키고 위산을 촉진시켜 궤양을 일으키는가 하면 관상동맥, 심장에 잇달아 영향을 미칩니다.

최근 나는 저명한 의사와 이야기할 기회가 있었습니다. 그는 내과 순환계통의 권위자인데 우리 몸 안의 수많은 기관에 자그마한 말썽이라도 생기면 우리는 곧 앰뷸런스 신세를 져야 할 것이라고 말하였습니다.

얼마 전에는 건강하던 나의 친구 두 사람이 혈전(血栓) 장애로 갑자기 병원에 입원한 일이 있었습니다. 그들은 육식을 좋아하지도 않을 뿐 아니라 담배는 입에 대지도 않는 사람들입니다. 그 중 한사람은 철저한 금주운동가입니다.

이러한 사실들을 나는 그 의사에게 이야기하였습니다. 그는 잠시 말이 없더니 곧 이렇게 말하는 것이었습니다. "나는 그리스도인은 아닙니다. 나는 스스로 인문주의자 아니면 무신론자라고 여길 때가 많습니다. 그런데 말입니다마는……, 정말로 혈전을 피하고 싶으면 늘 기도하는 길밖에는 없어요."

그가 이야기하려는 것은 마음의 평화, 긴장의 해소, 그리고 하나님을 믿는 믿음으로 기쁘게 사는 것이 건강의 가장 좋은 길이요 많은 병으로부터 우리 스스로를 보호하는 길이라는 것입니다.

우리는 마음 상태가 몸에 직접 영향을 끼친다는 것을 단순한 경험으로도 알 수 있습니다. 가령, 때로 우리가 연루되고 싶지 않은 일이라든지, 맞닥뜨리고 싶지 않은 일, 마음내키지 않은 일이 있을 때 갑자기 두통이 오고 소화불량을 일으키거나 몸이 으스스해지는 것을 느낄 수 있을 것입니다. 학기말 시험을 앞둔 학생들에게서 흔히 볼 수 있는 증상이기도 합니다. 이러한 신체적 이상을 일으키는 원인의 맨 밑바닥에는 우리의 마음 상태가 있습니다. 이것은 심리적인 상태일 뿐이니까 중요하지 않다거나 심각하지 않은 일시적인 증상이라고 말하려는 게 아닙니다. 이것은 우리의 마음이 우리에게 마음 내키지 않는 일로부터 빠져나갈 길을 마련하라고 미리 보내는 신호인 것입니다.

마음이 육체에 끼치는 영향은 우리가 거의 일상적으로 경험하는 일들입니다. 우리가 그 영역을 정신(mind), 혼(soul), 영(spirit)이라 부르든지 또는 의지(will)라 부르든지, 이것들과 우리의 몸은 뗄 수 없을 만큼 긴밀하게 연결되어 있다는 것은 누구나 부인할 수 없을 것입니다.

저명한 바울 뜨루니에(P. Trounier) 교수는 그의 책 〈성경의 관점으로 비쳐본 한 의사의 비망록(A Doctor's Casebook in the Light of the Bible)〉에서 한 사례를 들려주고 있습니다. 그의 친구 중 의사 한 사람이 빈혈증이 있는 소녀를 몇 달 동안 치료하고 있었다는 것입니다. 그런데 최선의 처방으로 정성껏 치료하였지만 별 효과가 없습니다. 그러던 차에, 보건소 직원의 요청도 있고 하여 시골 요양원에 보내서 거기에서 잔심부름도 하면서 얼마간 치료받도록 하였습니다. 그런데 서너 달 후 그 소녀는 언뜻 보기에도 전혀 달라진 모습으로 나타났습니다. 그 보건소 직원이 쓴 소견서도 있었는데 "제가 선생님의 처방 이외의 약을 쓴 것은 없습니다. 다만, 그 여자아이를 조금 편안하게 해주었을 뿐입니다." 하는 것뿐이었습니다.

의사는 곧 그 소녀의 혈액을 채취해 검사하였습니다. 검사 결과는 놀라웠습니다. 검사한 자신이 무슨 실수라도 하였나 라고 느낄 정도였습니다. 너무나 달라진 수치가 나왔던 것입니다.

의사가 소녀에게 물었습니다. "애야, 지난번 여기에 왔다 간 이후로 무슨 일이 있었니?"

아이가 명랑하게 대답합니다. "예, 무슨 일이 있기는 있었어요."

"무슨 일인데 ?"

소녀는 매우 밝게 대답하였습니다. "전에는 제가 좀 메스꺼운 사람을 보면 참지 못하고 싸웠는데, 얼마 전부터는 모든 걸 이해하고 용서하기로 했어요"

신랄하게 비판하고 싸우기를 좋아하는 마음을 없애는 것이 병을 치료하는 데 좋은 약이 되었던 것입니다. 그러니까 우리가 어려움을 겪고 있다면 우리가 혹시 매사를 시비조로 살고 있기 때문은 아닌지, 어떤 사람에게 깊은 분노를 느끼고 있지는 않은지, 사람들에게 인색하게 굴지는 않았는지 우리 자신의 태도를 스스로 점검해 볼 일입니다. 그런 사람은 약을 바꾸기 전에 먼저 마음을 바꾸어야 합니다.

용서하지 못하는 마음은 분명, 건강하지 못한 사람이요, 무엇인가 욕구불만으로 가득한 사람은 병을 향해 달려가는 사람이요, 남에 대하여 독한 말을 쏟아내는 사람은 이미 마음에 병이 들었거나 신체의 장기 여러 곳이 상해 있을 가능성이 많습니다.

자, 이렇게 마음이 신체에 영향을 미치는 것이 사실이라면, 마찬가지로 몸도 마음과 영혼에 깊은 영향을 미친다는 것 역시 맞는 말일 것입니다. 역사적으로 영적인 면에서 위대한 영향을 끼쳤던 사람치고 가끔 의기소침했거나 일시적으로 우울하거나 영적인 건조함으로 괴로워했던 적은 있지만 육체적인 이유나 영적인 이유로 그 사역을 도중에 그만두어야 할 만큼 왜곡되었던 사람은 없었습니다.

앞서 말한 뜨루니에 교수는 말합니다. "우리 육체는 마치 개와 같아서 우리가 적대적으로 대하면 반드시 우리를 향하여 으르렁거리도록 되어 있습니다."

〈영혼에서의 종교성 발생과 향상(The Rise and Progress of Religion in the Soul)〉의 저자 빌립 도드리지(P. Doddridge)는 그 책의 주제들을 이야기하는 가운데 "하나님이 우리로부터 얼굴을 돌리셨다고 느껴질 때 우리는 생의 무미건조함을 경험하게 된다"는 주제에 대하여 자세히 말하고 있습니다.

그는 이 책에서 우리가 이러한 "건조한 영혼의 시기"를 지나게 되는 원인을 물론 육체적인 것보다는 영적인 것들에서 더 많이 찾아볼 수 있다고 강조하면서도 계속해서 말합니다.

"그런데, 나는 이러한 사람들에게 먼저 정중하게 충고합니다. 하나님께서 그 얼굴을 숨기셨다고 느껴지는 사람은 먼저, 지금 당하고 있는 문제가 과연 영적인 것들에만 원인이 있는지를 조심스럽게 알아보도록 권고합니다. 오히려 그 문제는 몸의 부조화라든지 지금 처하고 있는 형편, 먹고 자는 등 삶의 방식이 영적인 생활을 불가능하게 하고 또 우리의 마음을 의기소침하게 하는 요소는 없는지를 알아보아야 합니다.

우리 몸의 피의 상태에 따라 심지어는 꿈에서도 우울해지기도 하고, 간(肝)의 상태가 나쁘면 사람의 마음이 조급해져 쉽게 싫증을 내게 되는 등, 일의 즐거움을 잃게 됩니다. 그러니까 몸의 상태는 당연히 기도생활에도 영향을 받습니다. 왜 이러한 것들이 종교적이고 영적인 것에서만 유래한다고 생각하는 것입니까? 오히려 그 문제의 원인이 눈에 보이는 간단한 것일 수도 있습니다.

의사들이 이러한 사람들을 참으로 도와주고 싶으면 당연히 종교적이고 영적인 면과 함께 몸의 건강상태를 검토해보아야 하는 것입니다. 섭취하는 음식물과 적절한 운동, 그리고 공기의 상태를 바꾸어주는 것만으로도 몇 주만에 건강한 정신으로 회복시켜 줄 수 있습니다. 훈계와 위로만으로는 헛수고일 수 있습니다. 육체의 안정이 우선하는 경우도 얼마든지 있습니다."

여기에다 저명한 영적 지도자로서 이 방면의 고전 〈성인들의 영원한 안식(The Saint's Everlasting Rest)〉의 저자 R. 백스터(R.

Baxter, 1615-1691) 역시 그의 책에서 같은 관점을 분명히 이야기하고 있습니다. "제군들, 나는 그대들에게 엄히 권하노니 이러한 거룩한 삶을 살려고 하면 무엇보다도 몸의 건강에 소홀하지 말 것이니라. 그대의 몸은 아주 유용한 하인이니 그대가 하인의 가치를 제대로 인정하지 아니하면 그 하인 역시 그대를 귀하게 여기지 않을 것인즉, 그대가 무분별하게 욕망 일변도로 그 하인을 괴롭히면 그 무던한 하인은 어느 새 그대를 괴롭히는 폭군이 될 것이로다. 그대가 그 하인의 필요성을 부당하게 거부한다면 그 하인은 무딘 칼이 되어 마침내 쓸 수 없게 될 것이로다"

그는 계속하여 우리 몸의 고삐를 늦추지 않는 소위 말하는 "정열"에 대해서도 경고합니다. "적지 않은 사람들이 몸이 마땅히 필요로 하는 것을 거부하고 회피함으로써 몸의 균형을 깨트리고 마침내는 거룩한 즐거움을 방해하나니, 이것이 몸만을 해치는 것이라면 별 문제가 아니로되 마침내 그 영혼까지 상하게 하는 것이다. 이는 마치 그 집 주인을 해하고 그 집을 약탈하는 것과 같은 어리석은 일이 아니고 무엇이랴, 몸에 병이 들면 당연히 영혼 역시 쇠약해지나니 이는 우리의 거룩한 즐거움을 앗아가는 것이니라"

과거, 영적 생활을 성공적으로 수행하였던 스승들은 몸을 소홀히 하는 것이야말로 영적 생활에 손상을 입히는 큰 요인으로 보았습니다. 그러니까 영적으로 쇠약해진 사람은 교회로 데리고 가기 전에 병원으로 가서 의사에게 보여 충분한 음식으로 영양을 공급해 주는 것이 최선의 방법일 수도 있습니다. 괴로움으로 기진맥진한 몸은 결국 부진한 마음과 영혼으로 이어지는 것입니다.

이렇듯, 몸을 중요하게 여기는 것은 철저하게 기독교적입니다.
우리 기독교 사상 가운데는 몸을 혐오하거나 심지어 경멸하기도
하는데 이는 가장 잘못된 것의 하나입니다. 그렇게 말할 수 있는 데
는 두 가지 이유가 있습니다.
우선 첫 번째는 매우 단순한 이유로 우리 인간과 관계된 모든 문
제, 즉 고통을 느끼고 병에 들고 고뇌하게 되는 모든 것이 몸에서 비
롯되는 것으로 이러한 요인들로 인하여 날이 갈수록 몸이 쇠약하게
되고 마침내 쓰러지게 됩니다. 우리의 감정이나 욕망을 제어하지
못하게 되면 결국 우리는 우리 자신을 해하고 또 남까지 상하게 할
것입니다. 우리는 경험을 통하여 몸에 닥친 위험이나 몸이 약해진
것을 알 수 있습니다. 그러므로 병이 조상으로부터 물려받은 체질
에서 비롯되는 것만은 아닙니다. 오히려 스스로 건강을 만들어간다
고 말하는 것이 자연스러울 것입니다.
두 번째 것은 좀더 중요한 이유입니다.
1세기 말, 우리 기독교가 이방 세계로 확장되면서 가장 먼저 영지
주의(靈知主義, Gnosticism)라 불리는 사상과 맞닥뜨렸습니다. 영
지주의는 당시의 잡다한 사상체계들이 혼합된 것으로 이들은 죄와
악, 고통과 아픔의 근원(source)과 기원(origin)에 대하여 설명하려
고 했습니다. 영지주의의 사고구조는 철저한 이원론이었습니다. 그
설명에 의하면 태초에 영(spirit)과 물질(matter)이라는 두 개의 실

재(entity)가 있었다는 것입니다. 물질은 외부적으로 드러난 것으로 "처음부터 있어온 것"이요 창조의 질료가 됩니다.

그런데 영지주의자들의 설명에 의하면 태초부터 있는 이 물질은 "흠이 있는 것"으로서 "악한 것"이고 "불완전한 것"이었습니다. 이 불완전하고 악한 것으로부터 세계가 창조된 것이니까 당연히 창조물 역시 악한 것이 됩니다. 창조의 질료가 악한 것이므로 완전한 참 하나님은 이 악한 질료를 만질 수도 없고 취급할 수도 없는 것입니다. 따라서 그들이 말하는 창조의 신 데미우르고스(Demiurge)는 참 하나님이 될 수가 없다는 것입니다. 악한 물질을 만든 신 역시 악한 존재이기 때문입니다. 이 창조의 신은 열등한, 하급의 신으로 참 하나님을 알 수도 없고 어떤 의미에서는 참 하나님에 대해 적대적이기까지 합니다.

이렇듯 그들에게서 눈에 보이는 세계는 악하고 무지한 신으로부터 창조된 것으로서 본질적으로 악한 것이었습니다. 당연히 육체 역시 악한 것으로서 고쳐질 수 없고. 길들여질 수 없고 거기다 개선될 가망도 없는 것입니다. 본질적으로 치료가 불가능하고 변화될 수 없는 악의 결정체인 것입니다.

그리하여 에픽테투스는 스스로에 대하여 말하기를 "나의 가엾은 영혼이여, 저 추하고 악한 몸에 족쇄가 채워졌구나!" 했던 것이고, 세네카는 자신의 몸을 "영혼의 혐오스러운 주거지(habitation detestable)"라 하였으며, 플라톤 역시 몸을 영혼의 "감옥"이라고 표현하였습니다.

이러한 생각을 담은 글들이 기독교 초기의 그레코로만 사회에 널리 퍼져 있었습니다. 그리고 아마도 부지중에 우리 기독교 사상 주변에 스며들어왔을 터이지요. 그리하여 기독교 사상에 몸은 무익한 것으로 악한 것이고 영혼, 정신만을 중요한 것으로 여기는 지류가 생겨난 것입니다.

그러나 이러한 생각은 우리 몸에 대하여 성경에서 말씀하는 기독교적 관점과 크게 다른 것입니다. 우리 몸은 본질적으로 악한 것이기는커녕 우리 그리스도인의 몸은 하나님께 드려서 하나님께서 열납하시는 제물이 됩니다. "그러므로 형제들아 내가 하나님의 모든 자비하심으로 너희를 권하노니 너희 몸을 하나님이 기뻐하시는 거룩한 산 제물로 드리라. 이는 너희가 드릴 영적 예배니라(로마서 12:1)." 우리 몸은 "하나님께로부터 받은 바 성령께서 거하시는 전(殿)"입니다(고린도전서 6:13, 19). 바울 사도는 몸을 음행에 내어주는 고린도 사람들에게 "너희는 너희가 하나님의 성전인 것과 하나님의 성령이 너희 안에 계시는 것을 알지 못하느냐(고린도전서 3:16)?"고 책망합니다. 이것이 신약성경에서 가르치고 있는 몸에 대한 진리입니다.

무엇보다 우리는 예수 그리스도의 성육신, 곧 예수께서 인간의 몸을 입으시고 우리와 함께 거하신 교리를 받아들입니다. 영원하신 말씀이 잠시 혈과 육을 입으시고 "몸으로" 계셨던 것입니다(요한복음 1:14). 그러므로 우리의 몸은 결코 혐오의 대상이 될 수 없을 뿐더러 하나님께서 잠시 입으셨을 만큼 고귀한 몸을 우리가 업신여겨서도 안 됩니다. 우리 그리스도인들에게서 몸은 매우 중요한 것입니다. 하나님께서 주신 귀한 선물이요, 하나님께서 받으시는 제물이 되기 때문입니다.

우리 교회 역사상, 몸에 대하여 가장 적대적이고 또 몸을 경시했던 풍조는 4세기 은둔자들과 수도사들에게서 절정에 이르렀습니다. 이 사람들은 집을 떠나 사막에 고립되어 혼자 혹은 몇몇 떼를 지어 살면서 철저하게 고행의 삶을 살았습니다. 이들에게서 더럽혀지고 빗질하지 않는 머리는 오히려 "미덕"으로 여겼습니다. 이 사람들은 목욕도 하지 않고 씻지도 않는 것을 자랑스럽게 말했고 서로 칭찬하였습니다. 심지어 걸어다니는 동안 옷에서 이(蝨)가 툭툭 떨어지는 것을 가장 "거룩한" 것으로 생각했습니다. 당연히 그들은 모두가 비쩍 말랐고, 몸이 야윈 정도에 따라서 나름의 위계가 형성되기도 하였습니다. 모든 행동은 육체를 경멸하는 것으로 이어졌습니다.

이 사람들은 사도 바울의 고린도전서 9:27절, "내가 내 몸을 쳐 복종하게 함은…"을 곧잘 인용하였는데 이야말로 잘못 이해한 것입니다. 우리는 이 본문을 바울이 말하려는 전체 내용의 맥락에서 이해하여야 합니다. 즉, 바울이 여기서 강조하는 것은 운동 선수의 철저한 훈련과정입니다. 편히 살고 싶은 자신의 욕망을 누르는 절제와 피나는 노력으로 자신을 만들어 가는 운동선수에 관한 것이지 결코 금욕주의자에 관한 이야기를 하는 것이 아닙니다. 운동선수의 훈련 과정에 필요한 절제를 이야기하는 것일 뿐 결코 금욕주의에 관한 것이 아닙니다.

　　훈련과 육신의 건강이 왜 중요한 것입니까, 두 가지 이유가 있습니다. 우선, 우리의 몸은 마음의 대행자인 동시에 마음의 도구이기 때문입니다. 마음은 생각을 하고 계획하고 판단합니다. 마음 속의 좋은 생각과 계획이 실행에 옮겨지기 위해서는 육신의 도움이 절대적이고 마음 속의 이상(理想)이 현실화되려면 마음보다는 육신이 더 큰 몫을 감당할 수밖에 없습니다. 몸이 이완되어 있거나 감당이 안 되어 움직여주지 않은 고로 생각한 대로 할 수 없어서 일을 중도에 그만 둔 경험이 누구에게나 있을 것입니다. 육신은 마음의 충실한 하인입니다. 따라서 이 하인을 조심성 없이 태만하게 부리는 것은 죄를 범하는 것이며, 불규칙하게 마구 다루는 것은 크게 잘못하는 일입니다.

　　두 번째 이유는 더욱 중요한 것으로서 우리의 몸은 하나님의 도구가 되는 것입니다. "성령의 전"으로서의 우리 몸을 통하여 하나님의 목적이 실현됩니다. 하나님의 목적에 알맞게 쓰임 받도록 몸을 잘 보존하는 것이 우리의 중요한 의무가 됩니다.

　　이에 대하여 적절한 본문이 구약에 있습니다. 미디안의 중다(衆多)한 군대가 침입하여 이스라엘 사람들은 견디기 어려운 때를 지내고 있었습니다. 하나님은 고통받고 있는 당신의 백성들을 구원할 만한 용사를 찾으셨습니다. 곧 므낫세 지파의 기드온이 발탁되었습니다. 바로 그 장면에서 나오는 말씀입니다. "여호와의 영이 기드온에게 임하시니(사사기 6:34)" 히브리어 문장을 문자 그대로 직역하면 "기드온이 여호와의 영으로 옷 입히우니라"는 의미가 됩니다.

곧, 성령께서 그의 백성을 구원하시려고 기드온을 몸으로 사용하셨다는 뜻이 됩니다. 그러므로 우리는 할 수 있는 한 몸을 잘 보존할 것이며, 우리 몸으로 하나님의 목적에 적절하게 쓰임 받게 하여야 하는 것입니다.

여기에 명백하게 알 수 있는 두 가지 사실이 있습니다. 그런데 이것은 그동안 많은 사람들로부터 종종 오해받아 왔습니다.

우선 가장 근본적인 진리는 우리가 아프지 않고 병들지 않고 아무런 고통을 당하지 않는 것이 하나님의 뜻이요 은혜라는 것입니다. 흔히들 병이 들었거나 사고를 당해서 고통 가운데 있거나 심지어 보기에도 처참한 일을 당하고도 "그래, 이것도 다 주님의 뜻인 걸 뭐." 하는 사람들이 있습니다. 우리가 병원에 심방을 가거나 슬픔 당한 가정을 방문해서는 하나님의 뜻이라고 위로하는 것이 과연 타당하냐, 그렇지 않습니다. 우리가 당하는 고통, 슬픔은 하나님의 뜻과는 반대되는 일입니다. 미래의 어느 날, 우리에게서 아픔이라든지 고통이 완전히 사라지는 때가 이를 것입니다. 성경에서 이러한 증거는 너무도 많습니다.

사람들이 "내가 병들었노라"고 말하지 않는 때가 도래하는 것이 선지자의 오랜 꿈이었습니다(이사야 33:24). 예수께서 병자를 치유하신 것은 그리스도의 사역에서 빠져서는 안 될 중요한 일이었습니다(마가복음 1:39, 마태복음 9:35, 누가복음 6:17).

세례 요한의 제자들로부터 오실 그이가 당신이오니까, 다른 이를 기다리오리까 하는 질문을 받으시고 예수님은 당신이 곧 메시아라는 증거로서 치유사역을 꼽고 있습니다(마태복음 11:5, 누가복음 7:22). 당신의 치유사역이야말로 하나님의 나라가 침노한 증거라고 밝히 말씀하십니다(마태복음 12:28, 누가복음 11:20). 주께서 그의 제자들을 둘씩 보내실 때, 하나님의 나라 복음 설교만 하고 가르치라고만 하지 않으셨습니다. 병 고치는 능력도 주신 것입니다(마태복음 10:8, 누가복음 9:2). 이 세상에서 병을 퇴치시키는 것이 예수님의 하나님 나라 운동의 가장 큰 특징이면서 동시에 하나님 나라가 이 땅에 이르렀다는 중대한 표지(標識)가 됩니다. 병들어 고통 가운데 아파하는 것은 결코 하나님의 뜻이 아닙니다. 이러한 현상은 하나님께서 의도하신 것과는 반대 방향으로 가고 있다는 증거가 됩니다.

둘째는 의사들은 하나님의 심부름꾼으로서 우리에게 보내주신 좋은 "돕는 자"입니다.

앞서 이야기한 뜨루니에 교수는 약을 복용하는 것이 믿음과 반하는 것으로 여기면서 약을 불신하는 사람들이 지금도 많다고 지적합니다. 어느 여자 환자는 극심한 통증 가운데 있으면서도 의사에게 가보라는 충고에 "아닙니다, 나는 다만 예수 그리스도만 의지할 뿐 의사의 도움을 받음으로 예수님을 섭섭하게 해 드리고 싶지 않아요"하는 사례를 적고 있습니다. 또 한 사람은 심한 불면증에 시달리면서 매일 한 알씩의 수면제를 먹으라는 처방을 받고 있었습니다. 그런데 그는 이렇게 말하는 것이었습니다. "예, 알겠습니다. 그 약을 먹으면 편안한 잠을 잘 수 있겠지요. 효과가 있겠지요. 하지만 나는 먹지 않겠습니다. 약을 먹어 고통을 면하기보다는 양심의 고통을 당하지 않는 게 훨씬 좋은 걸요?”

뜨루니에 교수에 의하면 이런 사람들에게서 인공의 약을 사용하는 것은 곧 하나님을 믿는 믿음이 부족하다는 것을 넘어 하나님의 은혜를 배반하는 것이 된다는 것입니다. 그러나 그는 계속 말합니다. “그러나 하나님께서 주신 지혜로 만든 약 역시 매일 우리에게 일용할 빵을 주시는 것과 같은 하나님의 은혜입니다. 의사의 지식과 기술을 의존하는 것과 빵집에서 만든 빵을 먹는 것은 동일한 것입니다.”

의사의 진찰과 처방에 따른 약이며 치료방법을 사용한다고 해서 그것이 믿음이 부족하다는 것을 의미하지는 않습니다. 이 치료행위는 오히려 우리를 긍휼히 여기시는 하나님께서 우리에게 주시는 선물이 됩니다. 앞서 이미 말한 대로 의사는 하나님께서 우리에게 보내주시는 “돕는 자”가 됩니다.

뜨루니에는 하나님과 의사와의 관계에 대한 훌륭한 언급으로 몇 가지를 인용하고 있습니다. 우선 꾸르보아제(C. Courvoisier) 교수는 의학에 대하여 말하면서 “의사는 하나님께서 특별한 은사와 함께 본인의 연구와 노력을 통하여 봉사하도록 부름 받은 봉사자들로서 환자들에게는 더 없이 소중하고 귀한 존재”라고 규정합니다. “그 의사들이 스스로 인식하고 있든 그렇지 않든, 그들이 신자이건 아니건 간에 의사들은 그 전문적인 지식으로 하나님과 함께 일하는 사람이라는 게 우리 기독교의 근본적인 견해입니다.”

또 뻬로(A. Perrot) 교수도 말합니다. "의사는 하나님께서 환자들을 위하여 마련해 두신 도구(instrument)들입니다. 의학은 자비로 우신 하나님께서 죄의 결과로서 고통 당하는 인간을 치료하여 회복하시려고 인자하심과 연민 가운데 마련하신 특별한 조치입니다."

슐레머 박사는 "의학은 하나님의 선물"이라는 요한 칼빈의 말을 되풀이하고 있습니다. "그러니까……" 바울 뜨루니에 박사의 결론으로 확신 넘치게 말합니다. "모든 의사는, 그가 그리스도인이든 아니든 상관없이 하나님과 동역하는 사람들(collaborate)입니다."

우리의 이러한 논의는 당연히 심령치료(spiritual healing)의 문제로 귀착됩니다. 물론, 모든 치유는 영적인 치유라는 주장에 일리가 있습니다. 모든 치료는 어떤 의미에서 하나님의 행위에 속하는 것이기 때문입니다. 이것은 넓은 의미의 심령 치료입니다. 뜨루니에 교수는 그의 책에서 앙브로와쥬 빠레(A. Pare)의 말을 인용합니다. "나는 다만 환자를 돌볼 뿐입니다. 그를 낫게 하시는 이는 하나님이십니다." 사실 그는 병의 치유뿐 아니라 우리 생에서 발생되는 모든 문제 해결의 근원을 하나님에게서 찾음으로써 하나님과 과학에 동시에 의존하고있는 모범을 보여주고 있습니다.

그러나 좁은 의미에서의 심령치료는 병을 치료하되 약이나 수술 등 보통의 의학적인 작용이나 의술의 도움 없이 기도와 환자에게 손을 얹는 안수만으로 치료하는 것을 의미합니다. 이러한 일은 어리석고 조심성 없는 사람이 주장하는 독단적인 주제로 비쳐질 수도 있겠습니다. 그러나 분명하게 우리가 말할 수 있는 것은 불과 몇몇 사람의 경험과 한정적인 생각에 터하고 있다는 것입니다.

우선 첫째로 이 심령치료라는 것이 보통의 의학적인 치료와 검사로 완전히 설명될 수 있거나 흔히 볼 수 있는 일반적인 병에서 심령치료의 예를 추적하기는 매우 힘들다는 것이고 그 다음 두 번 째로, 영적 치유 시술의 결과는 전혀 예측할 수도 없고 간헐적이며 그 치료 방법에 일정한 유형도 없고 산만하다는 점입니다. 과연 영적인 치유가 효과적인 것이라면, 이 경우에는 치유가 되고 다른 경우에는 안 되는 그 차이를 설명할 수 있어야 하는데 실제로는 설명이 되지 않는다는 것입니다. 세 번째로, 하나님께서 우리에게 위탁하신 보편적인 치료의 은사를 사용하는 것이 예외적이고 비정상적인 것에 의존하는 것보다는 훨씬 합리적이라는 점입니다. 불필요한(물론 환자에게는 꼭 필요하겠지만) 기적을 일으키거나 사람들이 무분별하게 자신을 위하여 기적을 일으키는 것은 병을 다루시는 하나님의 방법이 아닙니다.

그러나 이러한 점을 이야기하면서 분명한 한 가지 사실은 심령치료에 대한 설명의 여지가 있다는 것입니다. 그 영역은 정상적인 의학 치료를 대신하는 것이 아니라, 그것과 협력, 합작해야 하는 것입니다. 어떤 경우라도, 한 가지 분명한 사실은 사람의 정신, 혹 영적인 상태는 그의 병을 치유하고 회복하는 데 아주 큰 효과를 나타냅니다. 환자가 극도의 긴장 상태에 있다거나 신경질을 부린다거나 두려워하거나 염려, 비관적인 마음, 자포자기하는 마음, 또 믿음 없이 회복에 대한 소망이 없는 태도는 의사를 매우 힘들게 합니다. 외과의라 해서 신체의 외부적인 면만을 다루지도 않습니다. 이런 경우 유능한 외과의사도 수술에 어려움을 겪다가 마침내 실수하는 경우가 많습니다.

확실히 심령수술의 기교, 기도, 안수, 기름을 붓는 일들은 환자의 태도와 마음의 상태, 치유에 대한 강한 집념과 소망의 정도 그리고 회복의 속도에 영향을 주고 있습니다.

또한 심령치료는 흔히 말하는 자연치료(natural healing)와 밀접한 동맹관계에 있다고 우리는 믿습니다. 의사의 의술이 환자의 평화로운 믿음과 합쳐지면 불가능해 보이던 일들이 가능해지는 경우가 실제로 많이 일어납니다. 이러한 경우는 우리 이해의 지평을 넘어 일어나는 일을 부정하려는 것이 아니라, 오히려 영적 치료의 방법과 과정은 내과, 외과의사를 도와 심령치료가 지대한 공헌을 하면서 결코 의사를 무용지물로 만들거나 무력화하지 않는 사례입니다.

이런 면에서, 목사와 의사, 사제와 전문 치료자의 협력관계는 특별히 신경 및 정신적으로 고통받는 사람들에게 유용하면서 효과적일 것입니다. 이는 속도와 스트레스와 삶의 여러 문제에서 오는 긴장이 사람들의 마음을 억누르고 있는 요즘에 특별히 효과적입니다. 신경쇠약, 정신적 긴장이 우리 세대의 대표적인 고통입니다. 이러한 모든 정신 신경상의 어려움의 근본 원인은 두려움입니다. 즉, 우리가 살고 있는 우주는 우리의 안전을 위협하는 적대적인 것들로 가득한 두려운 곳이요, 우리의 삶은 매일매일 스스로 대처하기에는 너무 힘들다는 것이 우리의 경험입니다.

이렇게 두려움을 갖는 근본적인 원인을 설명하는 가운데, 사람에게는 홀로 살고 싶어하는 경향이 있다는 주장이 있습니다. 저명한 심리학자 요한 부칸(J. Buchan)은 무신론자에 대하여 "눈에 보이지 않는 도움의 수단이 없는 사람"이라는 말로 표현하였습니다마는 눈으로 볼 수 있는 것들에서만 도움을 구할 뿐, 눈에 보이지 않는 외부적 도움의 경로가 없는 사람은 필연적으로 두려운 나머지 패배할 수밖에 없습니다. 그런 경우, 회복은 아무런 외부적 도움이 없이 홀로 이루어지지만 우리는 하나님을 신뢰하는 가운데 아무 두려움 없이 하나님과 만나게 되는 것입니다. 이러한 회복의 과정은 기도와 사랑으로 하나님을 알아감으로써 이루어지는 것입니다.

스코틀랜드의 신학자요, 대 감독 레이톤(F. Leighton)은 지극한 고통 가운데서 말하였습니다. "나는 내가 병상에 누운 뒤에, 그 이전보다 훨씬 더 많이 하나님을 알게 되었습니다."

이런 일은 성경에서도 흔히 들을 수 있는 일이기도 합니다. 성경에서 욥처럼 처절한 고통을 통과한 사람이 어디 또 있을까요? 그런데, 그가 고난 받은 후 "내가 주께 대하여 귀로 듣기만 하였사오나 이제는 눈으로 주를 뵈옵나이다(욥기 42:5)"라고 고백합니다. 이사야 역시 백성의 당하는 환란에 친히 동참하시고 "그들을 구원하시며 그의 사랑과 그의 자비로 그들을 구원하시는" 하나님을 선포합니다(이사야 63:9). 하나님은 우리가 물 가운데 지날 때에 함께 하셔서 물이 우리를 침몰하지 못할 것이며, 불 가운데로 지날 때에 타

지도 아니하도록 하십니다(이사야 43:2). 히브리서 기자의 설명에 의하면 예수께서는 "시험을 받아 고난을 당하셨은즉 시험받는 자들을 능히 도우실 수" 있습니다(히브리서 2:18).

　나의 아버지께서 늘 즐겨하시던 이야기입니다.
　전에 우리가 살던 옆집에는 불치병으로 점점 쇠약해져 가는 한 여자가 있었습니다. 우리 아버지는 때때로 그녀를 심방하면서 위로하였습니다. 어느 때, 아버지는 고통 가운데 있는 무명 작가가 쓴 작고 예쁜 책을 발견하고는 그녀에게 위로가 되겠다 싶어서 사다 주었습니다.
　"이 책을 한번 읽어보세요. 큰 힘이 될 겁니다"
　그랬더니 그 여자 분이 대답하였습니다.
　"감사해요, 저도 이 책을 알아요."
　"아, 벌써 읽어보셨나요?"
　그녀는 미소로 조용히 대답하였습니다.
　"그 책은 바로 제가 썼답니다."
　그녀는 고통의 용광로 속에서 있으면서도 스스로 지극한 평화를 누리고 있을 뿐 아니라, 다른 사람의 고통까지 도와줄 수 있었던 것입니다. 극도의 슬픔과 고통의 날들에도, 지상에서의 모든 도움이 사라지고 없을 때라도 우리 그리스도인들은 여전히 흔들림 없는 믿음을 고백할 수 있어야 합니다.
　"내가 확신하노니 사망이나 생명이나 천사들이나 권세자들이나

현재 일이나 장래 일이나 능력이나 높음이나 깊음이나 다른 어떤 피
조물이라도 우리를 우리 주 그리스도 예수 안에 있는 하나님의 사랑
에서 끊을 수 없으리라(로마서 8:38-39)"

1장

도우심과 치유를 구하는 기도

진찰 받으러 가기 전에

오, 하나님

이제 나는 더 이상 어쩔 수가 없게 되었습니다.

모든 것이 아무렇지도 않은 양, 건강한 체 할 수 없습니다.

한 가지 문제,

한 가지 고통이 나를 괴롭힙니다.

그 사실을 더 이상 회피할 수 없습니다, 숨길 수가 없습니다.

뭔가 이상이 있다는 사실을 더는 감출 수 없습니다.

지금, 의사에게 가려고 합니다.

주여, 나와 동행하여 주옵소서.

혼자서는 갈 용기가 없습니다.

함께 가셔서 나에게 용기도 주옵시고

떨리지도 않게 하여 주옵소서.

병원에 가서,

의사로부터

무슨 말을 듣더라도 담담하게

있는 그대로 받아들이게 하옵소서.

외면하거나 회피하지 않고 직면하게 하옵소서.

주께서 선지자를 통하여 하신 말씀을 기억하게 하옵소서.

"내가 너와 함께 하리라,

물 가운데 지날지라도 물이 너를 삼키지 못할 것이요

불 가운데 지날지라도 너를 해하지 못하리라."(사 43:2)

나의 모든 시간은 오직 주의 손에 있사오니

내가 무엇을 두려워하리요, 어찌 무서워하리요?

아버지의 따뜻한 손이 나와 함께 하시며

그 자녀들의 눈물을 닦아 주시리로다.

아멘.

진찰 결과를 받은 후의 기도

오, 하나님, 나의 아버지
오늘 의사로부터 입원해야 한다는 진찰결과를 받았습니다.
이제, 저 환자복을 입고
주님의 자비하신 손길을 기다려야 합니다.
우선 두려움으로 괴로워하지 않도록 도와주옵소서.
나로 깨닫게 하여 주시되,
두려움은 아무 도움이 되지 못할 뿐,
오히려 악화시킨다는 것과
두려움은 또 다른 두려움을 낳는다는 것을 알게 하옵소서.
시간은 나의 편인 것도 깨닫게 하옵소서.
주여, 내가 언제나 병상에서도
주와 함께 있다는 것을 가르쳐 주옵시고
병실에서나 수술실에서도
주의 품에 있다는 것을 알게 하옵소서.
주여, 무엇보다 내 마음에 평화를 주시옵고
주께서 말씀하신 바

공중의 참새도 아버지께서 허락하지 아니하시면

그 하나도 땅에 떨어지지 아니한다는 것에,

또 우리에게는 머리털까지 다 세신 바 되었다는 것, (마 10:29,30)

나는 나의 건강을 위해 아무것도 할 수 없다는 것에

오히려 한없는 평안을 느끼게 하옵소서.

주여, 바울 사도처럼 나도

"비천에 처할 줄도 알고 풍부에 처할 줄도 알아

풍부와 궁핍에도 처할 줄 아는

일체의 비결" 을 배우게 하옵소서(빌 4:12).

오직, 나의 두려움은 창밖의 바람에 날리게 하시고

솟아오르는 아침해처럼 소망하게 하시고

바위와 같은, 산과 같은 태연함을 주옵소서.

주께서는 나의 한숨소리를 들으시고

나의 눈물 방울을 헤아리시오니 마침내

나의 머리를 들어 올리시리이다.

아멘.

입원 후의 기도

오 하나님, 모든 것이 낯설고 생소합니다.
그러나 이것들이 나를 두렵게 하지는 않습니다.
무엇이 기다리고 있는지 알 수 없는 앞으로의 시간 속에서도
주께서 함께 하여 주실 것이오니
큰 무서움 가운데서도 두려워하지 아니하며
여전히 태연하였던 옛 시인처럼(시 27:3).
나로 침착하여 평온하게 하시고
결코 불안하지 않게 하옵소서.
나로 밝은 표정을 유지하게 하옵시고
이 병원에서 나와 같이 불안해하며 어리둥절해하는
나와 같은 처지의 사람들에게
좋은 동무가 되게 하옵소서.
주여, 나를 도와주셔서
나의 처지에 불평하거나 푸념하지 않게 하시고
까다롭게 굴지 않게 하시고
이런저런 요구로 다른 사람을 성가시게 하지 않게 하시고모든 수고

하는 이들에게 감사를 표하게 하옵소서.
할 수 있는 대로 나보다 불편한 사람들을 도와주게 하옵소서.
주여, 나를 도와주셔서
잠시 계속되는 나의 고통은 잊어버리게 하시고
더 큰 고통 받는 이들을 위로하게 하옵소서.
옛날, 시인이 하나님의 사랑을 확신하였듯이(시 46:1).
"하나님은 우리의 피난처시요 힘이요 도움이시오니"
어떤 고통 가운데서도 두려워하지 않게 하옵소서.
주여, 강하신 손으로 나를 붙드사
슬픔과 기쁨, 소망이나 두려움에도
나를 주 가까이 이끌어 주옵소서.
주여 내 손을 붙잡아 주옵소서.
아멘.

수술 전에 드리는 기도

오, 하나님

이 시간, 마땅히 감사해야 할 것이 많은 것을

나로 기억하게 하옵소서.

우선 감사하오니,

의사들에게 허락하신 풍부한 지혜와 능숙한 의술,

인턴, 레지던트 등 많은 의사 보조원들의 도움도 감사하고

마취사들의 수고와 간호사들의 친절에도 감사합니다.

그리고 많은 돈을 들여 이러한 좋은 의료시설을 갖추고

환자들의 고통을 덜어주는 병원에도 감사합니다.

주여, 나의 작은 고통과 불편에

오직 주 앞에서 잠잠하고 참고 기다리게 하시고

입을 열어 불평함으로

더 큰 악을 만들지 않게 하옵소서.

모든 의료원들을 신뢰하게 하시되

주께서 보내신 심부름꾼으로 알아 모두 맡기게 하시고

무슨 일이 일어나더라도 놀라지 않고 오직 고요한 마음으로 받아들

이게 하옵소서.
그 어떤 일도 나를 그리스도의 사랑에서
끊을 수 없는 줄로 믿습니다, 주여.
나는 다만
그리스도께서 하신 신실하신 기도를 되풀이하게 하옵소서.
"아버지여, 내 영혼을 아버지 손에 부탁하나이다."(눅 23:46)
너는 내 것이라고 말씀하여 주옵소서, 나의 구주여.
나에게 흔들리지 않는 분명한 확신을 주시고
어두운 의심과 불안은 사라지게 하시고
두려움이 엄습하지 않게 하옵소서.
아멘.

수술 받은 후의 기도

오, 하나님
오늘 있었던 수술로 나는 다시 한번 거듭났습니다.
의사들과 여러 의료진들, 마취사와 간호사들의 수고로
수술을 무사히 마치고
제가 여전히 살아 있음에 감사합니다.
새로이 얻은 생명에 감사합니다, 내 생명의 주여.
이것은 다만 회복되는 첫 발자국이오니
범사, 어떤 경우에라도 감사하게 하시고 (살전 5:18).
떨리는 마음으로 이 생명을 소중히 여기게 하옵소서.
무엇에든지, 언제든지 겸손한 환자가 되게 하시고
나의 이 연약함에 오히려 주의 은혜가 족한 줄 알아 (고후 12:3)
도와주며 나누어주는 삶으로
결코 나에게 주어진 것을 회피하지 않게 하옵소서.
옛 시인이 전적으로 하나님을 의뢰한 것을
기억하게 하옵소서(시 43:5).
"오, 내 영혼아. 네가 어찌하여 낙심하며

어찌하여 내 속에서 불안해하는고?
너는 하나님께 소망을 두라.
그가 나타나 도우심으로 말미암아
내 하나님을 여전히 찬송하리로다."
주 하나님은 긍휼하심과 의로우심이요,
연약할 때의 도움이심이요,
그 마음이 상한 자, 비천한 자를 건지시나니
나를 낮추셨사오매
또한 주 앞에 머리를 들기에 합당케 하시리이다.
아멘.

몸과 마음이 기진한 이들의 기도

오, 하나님,

내 몸이 더 이상 말을 듣지 않아 움직일 수 없습니다.

마음도 정신도 피곤할 뿐입니다.

바위와 같은 무거움이 나를 짓눌러서

잠자는 것조차 피곤하고 힘이 듭니다.

하나님이여, 나를 구원하옵소서.

물들이 내 영혼을 삼키나이다.

지금, 내 앞에는 설 수 없는 깊은 수렁이 있고

내 길은 사망의 음침한 골짜기뿐이오니 나를 건지소서.

나는 낙담하여 모든 소망이 끊어졌사오며

즐거운 날의 기억이 멀어졌습니다.

내 앞에는 오직 빛 없는 캄캄함뿐이어서

아무것도 보이지 않고 손에 잡히지 않습니다.

절망과 단념, 굴복만이 어른거립니다.

오, 하나님,

나의 이 어두움을 밝혀 주옵시고

나의 이 연약함을 강하게 하옵소서.

이 무거운 절망을 거두어 가볍게 하옵소서.

주께서 함께 하지 아니하시면 나는 패할 수밖에 없사오니

주여, 나와 함께 계심을 알게 하옵소서. 믿게 하옵소서.

나로 옛 시인의 체험을 기억하게 하옵소서(시 46:1-3).

"내가 여호와를 기다리고 기다렸더니

귀를 기울이사 나의 부르짖음을 들으셨도다.

나를 기가 막힐 웅덩이와 수렁에서 끌어올리시고

내 발을 반석 위에 두사 내 걸음을 견고하게 하셨도다.

새 노래 곧 우리 하나님께 올릴 찬송을 내 입에 두셨으니

많은 사람이 보고 두려워하여 여호와를 의지하리로다."

내가 험한 바위 길, 가시밭길을 지날지라도

그 길은 이미 주께서 걸어가신 길이오매

나의 이 피곤한 날들에 힘이 되오니

이것이 내게 주신 큰 비밀이 됩니다.

아멘.

신경과민과 긴장 상태에 있는 이들의 기도

오, 하나님,
잠을 이룰 수 없사옵고
끝없이 꼬리를 무는 잡념을 떨쳐버릴 수가 없습니다.
엄습하는 미래에 대한 불안도 나를 괴롭힙니다.
숨쉬는 것조차 괴로울 뿐입니다.
이제 지나간 과거의 상념도 나를 괴롭게 합니다.
진통제, 수면제도 더 이상 효과를 내지 못합니다.
주여,
광풍 가운데서도 배의 고물을 베고 곤히 주무신
주의 평강을 내게도 주옵소서.
나에게 쉼을 주옵소서.
나로 주께 기대게 하옵소서.
나로 옛 시인의 친절한 충고를 받아들이게 하옵소서(시 55:22).
"네 짐을 여호와께 맡기라, 그가 너를 붙드시고
의인의 요동함을 영원히 허락하지 아니하시리로다."
내가 밤에 누울 때에 평강의 복을 주사

내 영혼이 하늘의 안식을 누리게 하시고
나쁜 꿈이 나의 침상을 교란하지 않게 하시고
어두움의 세력이 나를 괴롭히지 않게 하옵소서.
아멘.

쇠약한 정신으로 괴로운 이들의 기도

오, 하나님.

마침내, 나 스스로는 어찌할 수 없어

정신치료를 받아야 하는 지경에 이르렀습니다.

너무도 지쳐버렸습니다.

아무것에도 집중할 수 없습니다.

나의 마음은 너무도 기진하여

아무것도 할 수 없는 무능력자가 되었고

내 생각을 스스로 제어할 수가 없게 되었습니다.

작은 일 하나, 나뭇잎 떨어지는 일까지도

나를 불안케 하고 괴롭힙니다.

아주 사소한 것들까지도 나를 초조하게 하여

울컥 화를 내곤 합니다.

너무도 괴로워 울고 싶지만 눈물도 메말라 울 수도 없습니다.

모든 것이 두렵기만 합니다.

사람을 만나는 것도 두렵고,

어디로 가야 할 지를 몰라 밖에 나가기도 무섭고

길을 건너는 것조차 겁이 납니다.
걱정은 또 다른 걱정을 낳고 그 두려움이 자라서
마침내 나의 영과 육, 몸과 마음이
모두 지치고 기진하게 되었습니다.
주여, 무엇인가 할 수 있는 것을 발견케 하시고
나 자신을 도울 수 있도록 나를 붙잡아 주옵소서.
나를 돕는 사람들과도 협력할 수 있게 하옵소서.
오! 주여, 이 무기력함과 나른함을 깨트려 주옵소서.
마음의 평강, 생각의 고요함을 주시되,
주께서 주시는 참된 평화를 주옵소서.
주께서 제자들을 사랑하사, 말씀하신 것을 기억합니다.
"어찌하여 이렇게 무서워하느냐.
너희가 어찌 믿음이 없느냐?"(막 4:39,40)
바람을 향하여 하신 말씀도 기억합니다. "잠잠하라, 고요하라!"
오직 주께 피할 때, 나는 평안합니다.
주께서 날 안으실 때, 내 마음이 고요하니
주의 팔이 나를 강하게 하사
모든 원수들의 발굽을 물리쳐 나로 이기게 하시고
주의 사랑, 주의 따뜻한 가슴으로
나를 모든 재난으로부터 건지실 줄 믿습니다.
아멘.

생의 아름다움을 잃었다고
생각하는 이들의 기도

오, 하나님.

어찌된 일인지 모든 것이 잘못되어가고 있습니다.

세상 모든 것이 나른해 보이기만 합니다.

내가 피곤하기 때문입니다.

참을 수 없는 조급증이 나를 이끌어 가고 있습니다.

내가 스스로 보아도 언제나 안달입니다.

그 결과,

함께 살아가는 사람들과의 관계도 분쟁의 연속입니다.

나의 몸도 매우 무겁습니다. 활기가 위축되었습니다.

활력도, 생의 정열도 식어버렸습니다.

웃으며, 즐거워하면서 일하던 때가 아득한 일이 되었습니다.

기쁨으로 하던 일들은 이제 억지로 해야 합니다.

쉽게 하던 일들은 이제 노역(勞役)이 되고 말았습니다.

나의 하는 일의 주인이었던 내가

이제는 일이 나의 주인이 되었습니다.

나는 나의 생애를 즐기곤 하였는데 이제는 권태뿐입니다.

오, 하나님이여.

새로운 힘과 활력, 생의 열정을 찾을 수 있도록

나의 몸과 마음을 새롭게 하여 주옵소서.

의사의 처방과 지시를 잘 따르는 양순한 환자가 되게 하시고

나를 도와서 회복시키려는 사람들을

나 역시 잘 도와주게 하옵소서.

주께서는 "무릇 시온에서 슬퍼하는 자에게

화관을 주어 그 재를 대신하며

기쁨의 기름으로 그 슬픔을 대신하며

찬송의 옷으로 그 근심을 대신" 하시오니(사 61:3)

주의 약속의 말씀이 나의 유일한 소원이 됩니다.

주께서는 수고하고 무거운 짐 진 자들을 불러

편안히 쉬게 하시는 줄 믿습니다.

오 나의 주여, 그렇게 되어지이다.

아멘.

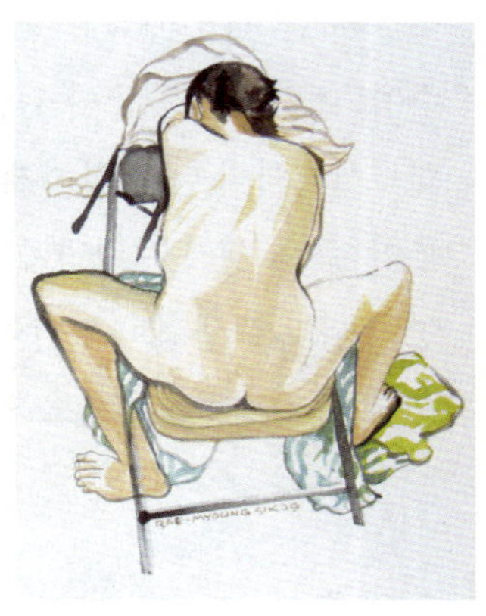

불안하고 우울한 이들의 기도

오, 하나님.
요즘 이렇게 누워서 염려하는 시간이 많아졌습니다.
걱정되는 것들도 여러 가지입니다.
나 자신에게 일어날 일이,
나의 하는 일과 직장에 불어닥칠 일들도 걱정되고
나에게 매달려 있는 사람들에 대한 염려도 있습니다.
우리 집과 가정사에 일어날 일도 염려가 되고
우리 가족들, 형제 자매들, 일가친척들도 염려가 되고
나의 사업과 건강을 생각하면 모두가 염려뿐입니다.
이렇게 염려만 하다가 나 스스로도 놀라곤 합니다.
주여, 이런 경우에도 주님은
회복시키시며 다시 강하게 하시겠지요.
주여, 육의 생각은 사망에 이르고
영의 생각은 생명과 평안이오니
나에게 그 평화를 주옵소서(롬 8:6).

주께서 주시는 참 평화를 주시옵소서.

그리하여 다시는

두려워하지도 근심하지도 않게 하옵소서.

주의 영원하시고 강하신 팔에 안겨서

이 모든 염려와 두려움을 물리치고 싶습니다, 주여.

나로 다만, 주께서 주신 약속을 기억하게 하옵소서(요 14:27).

"평안을 너희에게 끼치노니

곧 나의 평안을 너희에게 주노라

내가 너희에게 주는 것은

세상이 주는 것과 같지 아니하니라

너희는 마음에 근심하지도 말고 두려워하지도 말라"

나의 미래가 놀라운 일일는지(marvel)

경악할 일일는지(surprise) 알 수 없지만

나의 삶과 죽음이 오직 주의 자비로우신 손에 달렸다는 것을

알고 또한 믿게 하옵소서.

아멘.

비통함과 분노에 휩싸인 이들의 기도

오, 하나님.
치밀어 오르는 분노를 억누르는 것보다
솔직히 모두 말해버리는 것이 낫겠습니다.
지금도 왜 이런 일이 나에게 일어났는지 알 수가 없습니다.
그 일이 놀랍기만 합니다.
비통과 분노가 한꺼번에 치솟아 오릅니다.
물론 그렇게 생각하지 않아야 한다고 알고 있고
그렇게 생각하고 싶지 않지만
나 자신을 억제할 수가 없습니다.
사람들 중에는 전혀 고통을 겪지 않는 사람들도 있습니다.
또 그것을 자랑하는 투로 나에게 말할 때
나는 더욱 화를 참기 힘듭니다.
무슨 일이 일어나든지,
나 스스로에 대해 못마땅해 하는 자기 연민과
모든 것을 향하여 느끼게 되는 분노를 삼가게 하옵소서.
나를 교훈하여 주시되,

최소한

내가 좋아하든지 아니하든지

있는 사실 그대로를 받아들이게 하시고

처음부터 끝까지 이해할 수 없는 것에도

그 원인을 알 수 없는 일에도 믿음을 잃지 않게 하옵소서.

다만 옛 선지자 모세의 노래를 기억하며 담대하게 하옵소서.

"영원하신 하나님이 네 처소가 되시니

그의 영원하신 팔이 네 아래에 있도다."(신 33:27)

내가 어두운 길을 걸어가매

하늘로부터 오는 불기둥을 볼 수 없어도

이 때가 하나님을 전적으로 신뢰하며

주의 이름을 인하여 평안할 때인 것을

알게 하옵소서.

아멘.

육신의 고통으로 힘든 이들의 기도

오, 주 예수님.

주께서는

나의 당하는 고통이 무엇과 같은 지를 아십니다.

주께서는 등에 채찍을 맞는 고문을 당하셨고

이마를 찌르는 가시관의 고통도 당하셨고

양손과 양발에 박힌 못의 고통도 겪으셨습니다.

나의 지금 당하는 고통을 주여, 돌아보시옵소서.

나의 고통을 믿음의 사람답게

기꺼이, 느긋하게 참을 수 있도록 도와주옵소서.

그리고 이 어두움의 골짜기에서도

기가 막히는 웅덩이에서도

주께서 나와 함께 하시는 것을 나로 기억하게 하옵시고

나 스스로 지쳐버리지 않게 도와주옵소서.

다만 사도께서 말한 바, "하나님은 미쁘사

우리가 감당하지 못할 시험 당함을 허락하지 아니하시고

시험 당할 즈음에 또한 피할 길"을 내주시는 줄 믿습니다(고전 10:13).

나의 가슴을 쥐어짜는 모든 고통마다
모든 슬픔과 고통을 이미 겪으신 이가
나와 함께 하시오니
능히 견디게 하실 뿐 아니라
마침내 모든 고통을 물러가게 하시리이다.
아멘.

잠을 이룰 수 없는 이들의 기도

오, 나의 하나님,
몸도 마음도 지쳐 잠을 이룰 수가 없습니다.
문제는 잠을 청하면 청할수록
잠은 점점 더 멀어져가는 것입니다.
감사하옵게도,
나와 같이 잠 못 이루는 사람들을 위하여
수고하는 사람들이 많습니다.
또 이 때를 위하여 읽을 만한 많은 책이 있는 것도 감사하고
음악과 여러 방송 프로그램도 감사합니다.
주께서는 사랑하시는 자에게 잠을 주시오니
주여, 나에게 평안하고 아늑한 밤을 주옵소서.
끊임없이 이어지는 생각의 고리들을 잘라주시고
긴장과 뒤틀리는 강박관념도 깨트려 주옵소서.
마땅히 생각하여야 한다면
주의 사랑을 사모하게 하시고
내가 잠 못 이루고 괴로워하는 이 밤에도

주 예수께서 나와 함께 하신다는 것을 기억하게 하사
나로 평안을 누리게 하옵소서.
나와 같이 잠 못 이룬 옛 시인의 고통을 기억하오니
"주에게서는 흑암이 숨기지 못하며
밤이 낮과 같이 비추이나니
주에게는 흑암과 빛이 같음이니이다."(시 139:12)
이 밤을 지새우며
나의 고통스러운 침상에서 주를 기억하오니
주께서 함께 계시매 어두움은 빛이 되고
주의 날개로 내 머리를 감싸주시옵니다.
아멘.

며칠 떠나 있는 집과 가족들을 생각하며 드리는 기도

오, 나의 하나님,

집의 가족을 생각하니 내 마음이 편치 않습니다.

병원에서의 몇 날이 익숙치 않고 외롭기만 합니다.

이곳에서의 생활에 적응되어야 할 터인데

집도, 가족도 모두 그립기만 합니다.

내가 집을, 내 가족, 형제 자매를 생각하지 않을진대

나는 사람이 아니리이다.

주여, 나로 이 고독감에서 벗어나게 하옵소서.

그리고 이 밤에 나처럼 집과 가족을 생각하는

많은 사람이 있다는 것도 기억하게 하시고

그들을 위하여 무언가 하는 동안

나만의 외로움에서 벗어나게 하시고

또 새로이 허락받은 이곳 쉼터를 사랑하게 하옵소서.

주여,

우리 믿음의 조상이 하나님의 명을 따라

그 아비 본토 친척을 떠난 것을 기억하게 하시고

주께로부터 받은 사명을 위해
모든 걸 희생한 사도의 위대한 선언을
나도 메아리처럼 되풀이하게 하옵소서.
"나는 모든 일 곧 배부름과 배고픔과 풍부와 궁핍에도
처할 줄 아는 일체의 비결을 배웠노라."(빌 4:11)
나의 시간들은 주의 장중(掌中)에 있사옵고
나의 시간들을 주께 맡기오니
나의 생명, 남의 삶, 나의 친구, 형제, 모든 것을
온전히 주께 의탁하나이다.
아멘.

집에 남아 있는 가족들을 위한 기도

오, 나의 하나님.

집과 가족을 떠나 홀로 있는 것이 나에게 가장 큰 고통입니다.

가족들이 나를 염려하며 조바심할 거란 생각이

나를 더욱 괴롭게 합니다.

어린 자식들에 대한 생각도 나를 어렵게 만듭니다.

주님, 나의 불안한 마음을 없애 주옵시고

우리 가족들의 마음 역시 달래 주옵소서.

그리고 이러한 별리(別離)의 시간들이

오래 지속되지 않게 하옵소서.

주님, 나를 대신하여 우리 가족을 돌보아 주는

형제와 같이 따뜻한 이웃과 친구들, 좋은 친척들과

필요를 따라 공급하는 사람들을 인하여 감사합니다.

주님, 이러한 염려의 마음은

회복의 시간을 늦춘다는 것을 기억하게 하옵시고

주께서는 우리의 필요를 다 아시오니

모든 염려를 주 앞에 맡기게 하옵소서.

나는 다만

주 예수께서 말씀하신 바를 기억하게 하옵소서.

"저들은 멸망하지 아니할 것이요,

또 그들을 내 손에서 빼앗을 자가 없느니라."(요 10:28)

우리 가족들을 모든 해악으로부터 보호해 주옵시고

위험과 환란이 엄습할 때는 저들로

결코, 결코 실패함이 없는 주의 능력을 기억하게 하옵소서.

우리 가족은 지금 떨어져 있어 서로 사랑을 확인하지는 못하나

감히, 저들을 아버지 능하신 손에 의탁하나이다.

아멘.

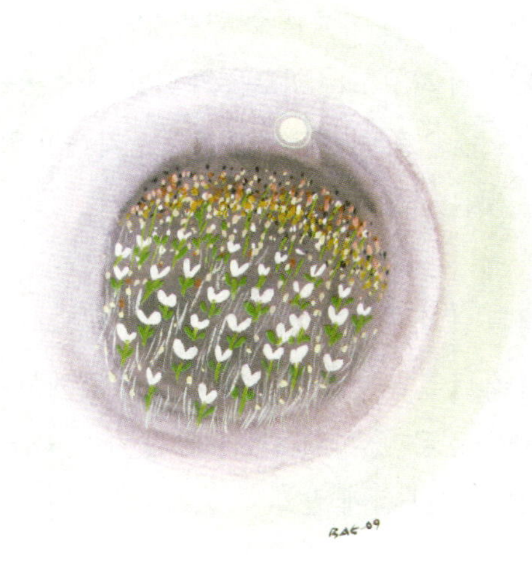

돌봐줄 사람이 없는 이들의 기도

오, 나의 하나님.

나에게는 아무도 없습니다.

나를 기억하여 줄 사람,

나를 염려해 주는 사람도 없습니다.

물론 친구나 알고 지내는 사람들은 많지만

내 집에서 나를 돌보아 줄 혈육은 없습니다.

주님, 수술 후 나를 보살펴 줄 사람 때문에 걱정하는 것은 아닙니다.

그런 것이야 어찌 어찌할 수 있겠지만

살갗 깊숙이 파고드는 외로움은 피할 길이 없습니다.

자신의 아픔으로 여기고 돌보아주는 가족이 있는 사람들이

부러운 것은 금할 수 없습니다.

주여, 나로 믿게 하옵소서.

하나님을 나의 아버지로,

예수님을 나의 부형으로 알아 그 사랑 안에서

나의 뼛속 깊은 곳의 외로움을 면케 하여 주옵소서.

나로 옛 시인과 함께 말할 수 있게 하옵소서.

"하늘에서는 주 외에 누가 내게 있으리요
땅에서는 주 밖에 내가 사모할 이 없나이다."(시 73:25)
오 하나님, 나 이제 찾았습니다, 참 친구를.
내가 그를 알기 전에
주께서 먼저 나를 사랑하였습니다.
그가 나를 이끌어 사랑을 알게 하였고
단단한 끈으로 그에게 묶어주었습니다.
그리고 나의 심장도 단단히 묶여
이 세상 그 어느 것도 나를
그의 사랑으로부터 단절할 수 없는 것을 압니다.
왜냐하면 나는 주의 것이요,
또한 주는 나의 것이기 때문입니다.
영원히, 또 영원히.
아멘,

퇴원하여 집으로 돌아와서 드리는 기도

오, 나의 하나님, 감사합니다.

입원하였던 이번 경험으로 한 가지 분명하게 배운 것은

주께서는 귀중한 것의 가치를 깨닫게 하기 위하여

잠시 잃어버리게 하신다는 것이었습니다.

사실, 나는 여태껏 가정의 소중함에 대해서 잘 몰랐습니다.

가정은 둘도 없는 사랑과 평화의 둥지요

따스함과 친밀함으로 가득한 곳이란 것을 이제야 압니다.

이제, 주여 두 가지를 늘 기억하겠습니다. 도와주옵소서.

내가 얼마나 건강하고 잘 사는 지를 보여주기 위하여

너무 많은 것을 누리지 아니하겠습니다.

그리고 주신 건강을 선한 곳에 사용하겠습니다.

동시에 나로 손과 발은 놀리지 않은 채

환자로 시중 받는 것을 기대하지 않게 하옵소서.

대신 감사하는 마음으로 내 가슴이 충만하게 하옵소서.

그리함으로 회복이 순조로워

속히 원래의 상태로 돌아가게 하옵소서.

옛 시인처럼 나도 기뻐하오니, 하나님은
"고독한 자들은 가족과 함께 살게 하시며
갇힌 자들은 이끌어 내사 형통케" 하시리이다(시 68:6).
오 주여, 도우사
우리의 집으로 성령이 거하시는 전이 되게 하시고
우리로 손과 온 몸과 정성으로 섬기는
주의 은총에 얽매인 종이 되게 하옵소서.
우리의 가정에
주의 공평함이 유지되도록 가르치시고
이따금 방문하시는 손님이 아니라
주인으로 우리 가정에 영원히 좌정하옵소서.
아멘.

오직 하나님의 도움만을 기다리는 기도

오, 나의 하나님,

이번 입원과 수술 과정에서 모든 사람들이 나를 위해

그들이 배운 지식과 경험을 다 쏟았습니다.

그러나 나는 모든 것을 압니다.

그 모든 수고도 하나님의 은총을 능가하지 못한다는 것을.

이제, 나는 주 앞에 엎드립니다. 달리 호소할 데가 없습니다.

주님, 나의 마음을 붙잡아 무너지지 않게 하옵소서.

나의 연약함을 능히 견딜 만한 강력함을 주옵시고

어떤 아픔도 참을 수 있게 하시고

어떤 것이 주어지든지 나에게 가장 좋은 것을 주시는

아버지의 사랑으로 깨달아 받아들이게 하옵소서,

설령 회복되지 않고 악화되어

마침내 이 세상에서의 마지막 날을 맞게 될지라도

사망이나 고통이나 그 어느 것이나

나를 그리스도의 사랑에서 끊을 수 없다는 것을 믿게 하소서.

이전에는 불안한 모습도 보였지만 이제는

나를 사랑하는 사람들을 위하여 간구합니다.

저들이 너무 염려하지 않도록 도와주시며

나에게 주신 평화를 저들에게도 주옵소서.

주의 손에 의탁하오니

주여, 나를 사랑한 모든 수고가 보상받게 하옵소서.

옛날 선지자의 말을 기억하게 하옵소서.

"주께서 심지가 견고한 자를 평강에 평강으로 지키시리니

이는 그가 주를 신뢰함이니이다."(사 26:3)

주께 의뢰합니다, 주 예수여.

나로 낙담치 않게 하옵소서.

이제부터 영원까지 주의 손에 부탁하나이다.

나의 모든 것을.

아멘.

치료가 늘어지고 회복이 지연될 때의 기도

오, 나의 하나님.

수술 후 회복이 늦어지고 있습니다.

나의 쇠약해진 몸이 많은 치료의 시간을 요하는 줄 압니다.

이제 나의 발로 다시 일어서고 싶습니다.

일어나 뛰기도 하고 걷고 싶습니다.

나의 일터도 궁금합니다.

돌아가 열심히 일하고 싶습니다.

그러나 그동안 최선의 의료진이 그들의 지식과 기술로

가능한 모든 것들을 나를 위해 베풀었으니

주여, 주의 긍휼하심만 믿고 기다리게 하옵소서.

오, 하나님, 내가 마땅히 알아야 할 것을 가르쳐 주옵소서.

기다릴 줄도 알게 하시고

기꺼이 소망을 가지고, 그리고 아무 군소리 없이

하루 하루를 걸어가게 하시고

한 발짝 한 발짝 나아가게 하옵소서.

옛 시인의 담대함을 나도 소유하게 하옵소서.

"너는 여호와를 기다릴지어다,
강하고 담대하며 여호와를 기다릴지어다."(시 27:14)
주께 맡기옵니다.
영원토록 맡기오니 모든 두려움이 사라지게 하시고
주와 함께 그의 날 동안 그 거룩한 전(殿)에서
영원히 거하게 하옵소서.
아멘.

회복이 늦어지는 이들의 기도

오, 나의 하나님, 내가 이 병상에 누운 지 오래입니다.
요즘 점점 약해지는 나 자신을 발견합니다.
스스로 패배자가 아닌가 하는 생각이 들기도 합니다.
몸을 원하는 만큼 움직일 수도 없고
스스로 음식을 먹을 수도 없고
하고 싶은 일들을 할 수도 없으니 말입니다.
늘 피곤하다는 느낌으로
약하다는 생각에 의기소침해집니다.
주님, 건강이 회복되어 일터로 돌아가
열심히 일하는 보람을 느끼고 싶습니다.
하고 싶은 일도 있고 해야 할 일도 있습니다.
나를 필요로 하는 사람들도 있습니다.
오, 하나님,
그러나 마땅히 견뎌야 하는 시간이라면
내게 참을성도 주옵소서.
매일매일 조금씩 좋아지고 있다는 것을 알게 하옵소서.

이 병상에서 일어나 나에게 맡겨진 일을 감당하게 하옵소서.

주께서 선지자로 말씀하신 바,

"오직 여호와를 앙망하는 자는 새 힘을 얻으리니

독수리가 날개치며 올라감 같을 것이요

달음박질하여도 곤비하지 아니하겠고

걸어가도 피곤하지 아니하리로다."(사 40:31)

주여, 이 말씀이 나에게 부합되게 하옵소서.

피곤하고 지친 너희여 내게로 오라

슬픔에 잠겨 낙담한 너희는 내게로 오라, 말씀하셨네.

내게로 오라, 편히 쉬어라……

주여, 내게 상쾌한 회복을 주옵소서.

아멘.

참을성 없음을
스스로 아는 이들의 기도

오, 나의 하나님.

나를 돌아볼 때 스스로 매우 부끄럽습니다.

신경과민으로 침착성이 없고

조그만 불편과 아픔에도 참지 못하고

마땅히 그렇게 할 권리라도 있는 것처럼

이것저것 요구하는 게 너무 많습니다.

내가 보아도 너무 이기적입니다.

그동안 사람들이 나를 잘 대해주었기 때문입니다.

문제는 그 사람들이 아니고 바로 "나"입니다.

병원에 있는 동안 자기 중심의 사람이 되었습니다.

마땅히 협력해야 할 일은 하지 않고

사람들을 의존하면서 성가시게 하고 있습니다.

이제 나는 참을성 없고 변덕스러운, 불쾌한 기색으로 투덜대면서

배은망덕과 불순종의 나날을 보내고 있습니다.

오 하나님, 나의 이 불성실함을 사하여 주옵소서.

나도 원하지 않는 것을 행하는 것을 보면서

나 자신도 놀랄 뿐입니다.

나를 고쳐 주옵소서.

그릇된 방향으로 행하는 나를 책망하여 주옵소서.

나를 억누르도록 도와주옵소서.

오직, 참을성으로 예의 바름으로, 평온한 마음으로

온유하고 겸손하고 만족하고 감사한 마음을 주옵소서.

이제부터는 사람들을 대할 때에

까다롭지 않은 사람,

모든 일에 수월한 사람이 되게 하옵소서.

사도께서 디모데에게 하신 말씀이 나의 것이 되게 하옵소서.

"오직 너 하나님의 사람아.

의와 경건과 믿음과 사랑과 인내와 온유를 따르라."(딤전 6:11)

나로 주의 손으로 펼치신 피난처에 숨겨주사

원수들이 나를 발견치 못하게 하소서.

나는 거기서

다만 아무것도 염려하지 않고 든든히 서리니

주여, 나로 두려움이 없게 하소서.

아멘.

도움이 없음으로 낙심한 이들의 기도

오, 나의 하나님.
지금, 병상에 누워 있으면서 내가 받은 복을 세어봅니다.
아직은 말도 할 수 있고 손도 놀릴 수 있습니다.
내 마음을 전할 수도 있고
상상의 나래를 펴고 몸이 갈 수 없는 곳을 가기도 하고
또 기억도 여전하여 즐거운 회상도 하면서
무엇보다 기도도 할 수 있습니다.
주여, 나로 감사하게 하시되
불평하거나 투덜거리지 않게 하시고
푸념하지 않게 하옵소서.
언제나 밝은 표정과 어투로 사람을 대하게 하시고
내가 할 수 있는 작은 일들을 하여
나를 돌보는 사람에게 작은 기쁨을 끼칠 수 있게 하옵소서.
그리고 상태가 너무 악화되어 낙심하고
모든 것이 꺾여 파괴하고 싶을 때에도
이 병실에서 오직 주만 바라보게 하옵소서.

주만이 모든 것을 아시리라 믿습니다.

이 병상에서도 기쁨을 누리게 하시고

세상이 알 수 없고,

줄 수도 없는 평안으로 충만하게 하옵소서.

주 예수께서 일찍이 약속하신 것을 믿어 바라게 하옵소서.

"지금은 너희가 근심하나 내가 다시 너희를 보리니

너희 마음이 기쁠 것이요

너희 기쁨을 빼앗을 자가 없으리라."(요 16:23)

생명도 죽음도 이 땅의 모든 것도 시간도 없어지려니와

오직 주의 말씀만은 영존하겠고(시 102:26)

주의 입으로부터 나온 말씀만이

나의 영원한 소망이 되십니다.

아멘.

병상에서 혼란스러울 때의 기도

오, 나의 하나님.
때로 나 스스로도 놀라지 않을 수 없습니다.
주여, 이 세상에는 왜 아픔과 고통이 있는 것인지 모르겠습니다.
물론 지금은 내가 알 수 없고
또 음성을 들을 수도 없겠지만
주여, 나로 이해할 수 없는 것들까지도
받아들이게 도와 주옵소서.
또한 지금 눈에 보이는 이 세계가
유일한 것이 아니라는 것을 확신케 하시고
그 사실에 새로운 힘과 소망을 가지게 하옵소서.
파괴된 모든 것이 온전하여진 세계,
모든 잃어버렸던 것이 되찾아지는 그 세계,
모든 의문들에 대답이 있는 그 세계,
모든 문제가 해결된 세,
얼굴에 얼굴을 대하여 아는 것처럼 알게 되는 그 세계.
그리하여 모세의 기도한 대로 되어지게 하소서.

"주의 인자하심이 우리를 만족하게 하사
우리를 일생 동안 즐겁고 기쁘게 하옵소서.
우리를 괴롭게 하신 날수대로와
우리가 화를 당한 연수대로 우리를 기쁘게 하옵소서."(시 90:14-15)
하늘의 사랑 가운데 머물게 하사
내 마음이 두려움으로 엄몰되지 않게 하시고
나의 모든 것을 오직 주의 장중에 온전히 맡겨드리오니
광풍이 밀려오고 천지가 놀라 떨되
내 마음은 흔들리지 아니하나니
주께서 내 곁에 계시오매
내가 어찌 무서워하리요 !
아멘.

담대함을 위한 기도

오, 나의 하나님.

지금 여기에서 필요한 용기를 주옵소서.

주여, 지금 겪고 있는 모든 불편을 감수할 수 있게 하시고

어떤 고통도 아무 불평 없이 견디게 하시고

어떻게 될 지 모르는 불확실한 것에도

나의 마음을 도적질 당하지 않게 하옵소서.

소망을 잃지 않게 하시고

길고 지루한 치료 절차에도

서둘지 않는 자세로 길이 참게 하옵소서.

내가 이해할 수 없을 때에도

하나님을 향한 신뢰를 잃어버리지 않게 하시고

어떤 시험과 아픔에도

낙심하지 아니하고 포기하지 아니하면

때가 이르매 마침내 거두리란 것을 소망하면서(갈 6:10)

주 예수께서 하신 말씀을 기억하게 하옵소서.

"끝까지 견디는 자는 구원을 얻으리라"(마 24:13)

우리 생명의 태양은, 주의 소생시키는 광선이라
힘들고 지친 나그네길에 있는 쉴 만한 곳이요
우리 소망의 별빛은 주의 부드러운 빛이라
긴 밤을 지새는 외로운 영혼의 등대요 횃불이라.
아멘.

점점 약해질 때 용기를 위한 기도

오, 하나님.
이제 긴 싸움에서 패배할 지도 모른다는 생각이 듭니다.
건강은 옛날처럼 다시 회복될 것 같지 않고
나의 영과 육은 한없이 지쳐 있습니다.
물론 주치의, 간호사들이 최선을 다하고 있는 줄 압니다.
나를 사랑하는 사람들은 나를 위로하면서
나를 위해 기도하고 있고
또 많은 수고를 아끼지 않는 줄 알고 있습니다.
주께서는 내가 연약할 때 강함이요
내가 부끄러울 때 자랑이시오니
주여, 할 수 있사옵거든
이 어두움의 때를 지나가게 하시고
결코 꺾이지 않게 하옵소서.
낙심의 때에 결코 무너지지 않게 하옵소서.
그러나, 햇빛이 되었든지 그림자가 되었든지
주의 손에 맡겨 드립니다. 뜻대로 하옵소서.

옛날 시인이 온전히 하나님을 의뢰하여

사망의 음침한 골짜기에서도 평안을 얻었던 것처럼(시 23:4)

오, 그리스도여,

이전에 주의 팔은 구원하시기에 능하여

모든 질고와 죽음, 그리고 어두움과 무덤을 정복하셨습니다.

주는 여전히 우리의 구주이시오니

주는 생명과 죽음의 주인이시니이다.

주의 전능하신 생명의 숨결로 생기를 되찾게 하여 주옵시고

위로해 주옵시고 복 주옵소서.

아멘.

믿음을 위한 기도

오, 하나님.
때로 주 예수께서 제자들을 향하여
"믿음이 적은 자여 !" 하고 꾸짖으실 때의
그 무리 속에 내가 들어 있지는 않는지 생각하게 됩니다.
무슨 일인가 일어날 것 같은 두려움으로
미래를 생각할 때마다 전전긍긍합니다.
의심이 나의 마음, 곧 심장으로 스며들기도 하고
주께서 과연 나를 사랑하시는지
과연 나의 기도에 귀 기울이시는지도 의심합니다.
왜 나는 계속 병상에서 이 고통을 당해야 하는지
하는 생각에 사로잡히기도 합니다.
또 사람들에게는 왜 질병이 있으며
그 질병으로 괴로워하다가 이 세상을 떠나는지도
알 수 없습니다.
그러나, 이러한 불확실함 가운데서도
나는 여전히 살아 있고

또 삶에 대한 강력한 소망과 용기가 있습니다.
또한, 지금 내가 바르게 기도하지 못하지만
나에게 하나님께 기대는 믿음과 신뢰가 없었으면
이만한 기도도 드리지 못했을 것입니다.
주여, 온전하고도 순전한 믿음을 주옵소서.
살고 죽는 것, 그리고 다시 얻게 될 영원한 생을 위하여
나의 영혼을 주의 손에 의탁하나이다.
주여, 기껏 이런 기도를 드릴 믿음밖에는 없습니다.
"주여, 내가 믿나이다.
나의 믿음 없음을 도와주옵소서 !"(막 9:24)

오, 주밖에는 의지할 이 없어 오직 주께 피하오니
가련한 내 영혼은 주의 손에 달려 있나이다.
떠나지 마소서, 홀로 내버려두지 마소서.
나를 지켜 주옵시고 안위하여 주소서.
아멘.

하나님의 뜻을 전적으로 받아들이기 위해

오, 하나님!

나로 오직

"오직 주의 뜻대로 이루어지이다" 하고 기도하게 하옵소서.

나로 하나님을 사랑하는 자,

곧 그 뜻대로 부르심을 받은 사람은

모든 것이 합력하여 선을 이루는 것이라고 확신케 하옵소서(롬 8:28).

그리고 나로

모든 약함과 아픔이

주께 가까이 이끈다는 것을 기억하게 하시고

우리의 모든 눈물과 슬픔은

주의 사랑으로 더욱 빛난다는 것도 깨닫게 하옵소서.

또한 나로,

아버지께서는 그 사랑하시는 자녀들에게 결코

필요 없는 눈물은 흘리게 하지 않으신다는 것을 알게 하옵소서.

우리 주께서 마지막으로

"아버지여, 나의 영혼을 아버지의 손에 의탁하나이다."(눅 23:46)

하고 기도하셨던 것처럼

나도 기꺼이

따라 외치게 하옵소서.

"찬송 받으실 주여, 나의 영혼을 주께 맡기나이다"

큰일이나 사소한 일이나

이 모든 선택들은 나의 것이 아니며

내가 한 것이 아니로소이다.

주만이 나의 인도자 되시고 힘 되소서.

나의 지혜, 나의 모든 것 되시는 주여.

아멘.

소망을 위한 기도

오, 하나님

아무 일도 일어날 것 같지 않는 상태에서

소망을 포기하지 않고 기대하기란 매우 어렵습니다.

좋아지기보다는 악화되고 있다는 것을 알면서

소망하기는 더욱 어렵습니다.

주여, 눈에는 아무것도 보이지 않고

귀에는 아무 소리 들리지 않아도 희망을 잃지 않게 하옵소서.

비록 칠흑같이 어두운 밤에 있을지라도

다시는 아침이 오지 않을 거라고 생각하는 사람이 없고

혹한의 겨울날이 계속되어도

봄이 영영 사라졌다고 생각하는 사람이 없듯이

주께서는 유쾌한 날, 밝은 날을 주실 줄 믿습니다.

주께서 치료의 임무를 맡기신 이들의 노고를 기억하게 하시고

나의 몸에 허락하신 강인함을 떠올리게 하옵소서.

주와 함께 하시면

어떤 것도 불가능이 없다는 것을 기억하게 하시고

풀은 마르고 꽃은 시드나
하나님의 말씀은 영원히 서겠사오며(사 40:8)
이 세상도, 그 정욕도 지나가되 오직 하나님의 뜻을 행하는 자는
영원히 거하겠사오니(요1 2:17)
옛 시인의 고백을 기억하며 소망을 잃지 않게 하옵소서.
"내 영혼아 네가 어찌하여 낙심하며
어찌하여 내 속에서 불안해하는고
너는 하나님께 소망을 두라
그가 나타나 도우심으로 말미암아
내 하나님을 여전히 찬송하리로다."(시 43:5)
네가 고통 가운데 있을지라도
하나님은 너를 인도하시나니
네 모든 길을 따라 그를 바라라.
무슨 일이 일어나든지 너에게 힘을 주시리니
하나님의 변치 않는 사랑을 믿는 자는
요동치 않는 바위 위에 세움 받은 자로다.
아멘.

조금씩 회복되어 가는 이들의 기도

오, 하나님 감사합니다.
이제, 서서히 회복의 길로 들어서게 됩니다.
이제 머지않아 제 발을 딛고 일어서겠고
손을 들어 일할 수 있겠습니다.
무엇보다 내 마음이 상쾌하여 날아갈 듯 합니다.
사냥꾼의 올무에서 벗어난 새 같이 되었사오니
주의 은혜, 곧 주의 크신 은혜입니다.
이제, 감사하오니
고통 가운데서 드린 나의 기도를
주께서 기억하셨음이니이다.
이 모든 것의 시작과 끝이 오직 주의 장중에 있습니다.
그동안 나를 위하여 애쓰고 수고한 이들에게 감사하오니
저들의 수고가 헛되지 않게 하옵소서.
그러하나, 주여 더욱 길이 참게 하시고
조급한 마음으로 서두르지 않게 하시고
의사의 지시와 주의사항을 잘 지키게 하옵소서.

나에게 가장 좋은 길이 무엇인지 아는 사람들의 말을
기꺼이 듣게 하시고
다시 나의 하던 일을 계속하게 하시되
이전보다 더욱 열심히, 최선을 다하게 하옵소서.
나로 옛 시인의 말한 것을 노래하게 하옵소서.
"내가 여호와를 기다리고 기다렸더니
귀를 기울이사 나의 부르짖음을 들으셨도다."(시 40:1)
그가 나를 기가 막힌 웅덩이와 수렁에서 끌어올리시고
그가 나의 발을 바위 위에 두시리니
내가 영영 요동치 아니하리이다.
아멘.

늙는 것을 자각하는 이들의 기도

오, 하나님,
처음 일터에 나가 힘있게 일하던 때가 엊그제 같은데
이제 많이도 변한 스스로를 절감합니다.
어느덧 인생의 하프 라인을 넘어선 지 오래입니다.
불안한 마음도 스며듭니다.
육체적으로는 쉽게 피곤을 느끼고
무엇을 하려고 할 때면 더 많은 수고가 필요합니다.
정신적으로는 활기가 떨어졌습니다.
오랜 시간 일을 할 수 없고
집중하기가 매우 어려워졌습니다.
주여, 우선 무엇보다 빨리, 분명히 깨닫게 하여 주시되
할 수 있는 일과 할 수 없는 일을 분별할 수 있게 하시고
서글프지만 나의 한계를 인정하게 하옵소서.
그리고 범사에 감사하게 하옵시되
나의 생애 동안 받은 것들을,
오늘의 나를 가능케 한 나의 소중했던 삶을 감사합니다.

이제 내 생애의 남은 것들을 지혜롭게 선용하게 하옵소서
나의 시간이 얼마 남지 않았습니다.
귀한 시간을 감히 낭비하지 않게 하옵소서.
옛 선지자로 말씀하신 바를 기억하며 꿈꾸게 하옵소서.
"너희 늙은이는 꿈을 꾸며
너희 젊은이는 이상을 볼 것이라."(욜 2:28)
나의 생애가 계속되는 동안
주의 도를 나에게 가르치소서.
어디로 가야 할지, 무엇을 행해야 할지
주의 길을 나에게 밝히 보이소서.
내가 믿음의 경주를 마칠 때까지,
나의 여정이 끝나 저 면류관을 얻기까지
주여, 그 길을 나에게 가르치소서.
아멘.

노년의 삶을 위한 기도

오, 하나님.

이제 사람이 늙는다는 것이 무엇인지 알겠습니다.

모든 것이 전보다 힘들어졌고 피로가 쉬 옵니다.

기억력은 현저하게 쇠하여졌고

마음은 조급하여 참을성이 없어졌습니다.

그러나, 이제 더 많은 것으로 감사해야 할 것은

무엇이 중요하고 덜 중요한 지를 알게 되었기 때문입니다.

그렇게 나를 몰아세우던 많은 걱정거리들이 사실은

별로 문제되지 않는다는 것도 알게 되었습니다.

어려운 문제들을 만나더라도

당황하지 않게 된 것에도 감사합니다.

또, 누가 나의 참다운 친구인지 알게 되었고

또 내가 참으로 사랑해야 하는 사람도 알았습니다.

이 사람들에게 많은 빛을 졌습니다.

그리고 걸어온 인생 길을 되돌아보며

모든 순간마다 역사하셨던 주님의 손을 회상합니다.

일마다 때마다 평강으로 함께 하셨던 과거를 돌아보며
다가오는 때를 위하여 주를 의뢰하게 됩니다.
옛날 이사야 선지자는 하나님께서 하시는 말씀을 들었습니다.
"너희가 노년에 이르기까지 내가 그리하겠고
백발이 되기까지 내가 너희를 품을 것이라.
내가 지었은즉 내가 업을 것이요,
내가 품고 구하여 내리라."(사 46:4)
주의 보좌 그늘 아래에
모든 성도들이 거하옵니다.
주의 팔은 참으로 넉넉하오니
주여, 나도 그 팔에 안기게 하옵소서.
아멘.

양로원에서 드리는 기도

오, 하나님.

이제 결국 나에게도 일할 수 없고

이 한 몸 추스르기도 어려운 처지에 이르렀습니다.

어디가 아픈 것은 아니고, 다만 늙은 것입니다.

근력이 없어지고 기억력이 쇠하여지고

마음이 옛날과 같지 않습니다.

때때로 외롭다는 것을 뼈저리게 느낍니다.

친구들, 그리고 사랑하던 사람들이 대부분

내 곁을 떠나 영원한 곳으로 갔습니다.

그러나 여전히 감사할 일들이 많이 남아 있는 것도 압니다.

짧지 않은 세월을 살았고 열심히 일도 하였습니다.

또 좋은 사람들을 만나 즐겁게 일생을 보냈고

이런 좋은 시설에서 생을 보낼 수 있는 것도 감사합니다.

헌신적인 의사들이 보살펴 주는 것도 감사합니다.

때때로 나를 잊지 않는 친구들이 방문하는 것도 감사하고

무엇보다 주께서 나를 내버려두지 않으시는 것에 감사 드립니다.

주여, 나로 생을 있는 그대로 받아들이게 하옵소서.
인생의 가장 아름다운 이 황혼의 때를
우아하고 밝게, 평온함 가운데 보내게 하시고
주께서 영원한 그 집으로 데려가시는 그 날까지
아름다운 모습을 유지하게 하옵소서.
옛 시인의 기도가 곧 나의 기도가 되게 하옵소서.
"내가 늙어 백발이 될 때에도
하나님이여 나를 버리지 마시며"(시 71:18)
오직 긍휼하심과 선하심으로
나의 평생을 주께서 이끌어 주셨사오니
내 눈의 눈물도 슬픔도
주께서는 영롱한 진주 되게 하시리이다.
나를 인도하신 주의 손을 노래하며
자비하심으로 이끌어주신 주의 사랑을 찬송하리라.
저 영원한 임마누엘의 곳에서
영광의 면류관을 드릴 그 때에도.
아멘.

오랜 투병생활로 직장을 잃은 이들의 기도

오, 하나님,

이 마지막 때에 많은 사람들을 놀라게 할 만한

기적을 바라지도 않고 위대한 영웅 흉내도 내고 싶지 않습니다.

다만, 마지막까지 믿음의 선한 싸움을 싸우는

좋은 병사가 되고 싶습니다.

불평이나 한숨이나 자기 연민으로

구슬피 우는 모습은 보이지 않게 하옵소서.

이 위기를 아무 두려움 없이 대처하게 하시고

결코 스스로 포기하거나 좌절하지 않게 하옵소서.

오, 그리스도여, 주께서는 모든 것을 아시옵니다.

주께서는 겟세마네에서 모든 고뇌를 겪으셨고

가시관, 쇠못으로 모든 육체적인 아픔도 맛보셨습니다.

주께서 몸소 겪으신 이 모든 괴로움을

나 또한 당하게 하시오니 감사합니다.

주여, 나에게 어떤 괴로움이 닥치더라도

결코 주의 사랑을 의심치 않게 하옵소서.

오래 참음의 용기와 담대함으로,
더 이상의 아픔도 슬픔도 없는 그 약속을 기다리게 하옵소서.
옛 시인이 노래하였습니다.
"주께서 내 영혼을 사망에서, 내 눈을 눈물에서,
내 발을 넘어짐에서 건지셨나이다.
내가 생명이 있는 땅에서 여호와 앞에 행하리로다.
내가 크게 고통을 당하였다고 말할 때에도
나는 믿었도다."(시 116:8-10)
우리가 함께 나눌 고통이 없고
오직 주께서는 찌르는 듯한 고통,
사람으로서 느낄 수 있는 모든 슬픔과 고난
모든 아픔을 겪으시며
우리가 겪을 슬픔과 싸워 이기셨나이다.
나로 그 고통 가운데 참여하게 하옵소서.
아멘.

시력을 잃어가는 이들의 기도

오, 하나님
이제 아침에 떠오르는 태양, 저녁노을, 아름다운 꽃
그리고 사랑하는 이들의 얼굴을
다시는 볼 수 없을 것 같습니다.
이제 읽고 싶은 책, 보고 싶은 그림,
그리고 사랑스러운 것들도 이제는
다시 보기 힘들 것 같습니다.
그러나 이러한 절망에서도
몇 가지 남겨주신 것을 인하여 감사드립니다.
마음의 눈으로 상상하며 더 깊이 볼 수 있게 된 것을,
점자로 많은 책들이 인쇄된 것을,
사랑하는 사람들의 목소리를 구별할 수 있게 된 것을,
복지를 위해 애쓰는 많은 사람들을 인하여 감사합니다.
무엇보다 생명의 빛 되신 주 예수께서
언제나 나와 함께 계셔서 인도하시는 것을 감사합니다.
주여, 나로 주 예수의 말씀을 늘 기억하게 하옵소서.

"나는 세상의 빛이니 나를 따르는 자는
어둠에 다니지 아니하고 생명의 빛을 얻으리라."(요 8:12)
세상의 빛이시여, 영원히 또 영원히 비추소서.
주는 영원토록 불변하시오니
즐거움과 사랑과 평강으로 비추사
사라지지도 물러가지도 마시옵소서.
아멘.

청력을 잃어 가는 이들의 기도

오, 하나님.

귀가 안 들리는 사람들을 불쌍히 여겨주소서.

우리가 겪는 어려움은 한두 가지가 아닙니다.

사람들은 앞 못보는 사람들을 동정하는 마음보다

못 듣는 사람을 불쾌하게 여깁니다.

성가시고 귀찮은 사람들로 생각합니다.

사람들은 우리와 함께 어울려주지도 않고

따돌리며 저희들끼리만 어울립니다.

우리는 더욱 더욱 외로워지고 마음의 귀마저 닫아버립니다.

주여, 깜깜해진 귀로 인하여 이 세상은 아주 고요해졌습니다.

주여 나를 도우사

이 절벽과 같은 현실을 인정하고 받아들이게 하시되

혹, 보청기나 여러 보조기구들을 사용하더라도

부끄러워하거나 당황하지 않게 하시고

불편한 것들에 길이 참을 수 있게 하시되

위축되거나

타인의 시선에 괘념치 않게 하옵소서.
그리고 어떤 경우에도
주님의 자애로운 음성은 막을 수 없사오니
내가 사람의 소리는 듣지 못하여도
옛날 사무엘의 말한 바를 나도 말하게 하옵소서.
"말씀하옵소서, 주의 종이 듣겠나이다!" (삼상 3:10)
너희 못 듣는 자여, 주를 들으라.
벙어리여, 입을 열어 주를 찬송하라.
너희 못 보는 자여, 너희 주가 오는 것을 보라.
너희 걷지 못하는 자여, 기쁨으로 뛰며 그를 맞으라.
아멘.

말을 할 수 없게 된 이들의 기도

오, 하나님.
이 세상에 태어나면서 배우기 시작한 말을
이제 더 이상 할 수 없게 되었습니다.
사람이 세상을 살면서
말하고 싶은 것을 자유자재로 말할 수 없고
묻고 싶은 것을 마음대로 물을 수 없고
사랑하는 사람에게 나의 마음을 표현할 수 없다는 것은
불편한 것이 아니라 지극한 슬픔입니다.
참으로 슬픕니다.
그러나 주님은 아직 나에게
쓸 수 있고 의사를 표현할 능을 남겨두셨습니다.
주님, 나에게 일어난 이 갑작스러운 일에
좌절하지 않고
잘 참아내도록 도와주옵소서.
나와 같은 처지의 사람을 돕는 많은 사람들에게 감사합니다.
무엇보다 입으로 말할 수는 없어도

영으로 말할 수 있는 것을 감사합니다.

또한 주께서

내 마음의 언어를 들으시는 것에 감사합니다.

말은 할 수 없어도 주님께 나의 생각을 전할 수 있고

또 주께서는 내 마음의 기도를 들으시는 줄 압니다.

옛날 시인의 간절한 마음을 나도 소유하게 하옵소서.

"여호와여 주께서 나를 살펴보셨으므로 나를 아시나이다.

주께서 내가 앉고 일어섬을 아시고

멀리서도 나의 생각을 밝히 아시오며

여호와여 내 혀의 말을 알지 못하시는 것이

하나도 없으시니이다."(시 139:1-4)

기도는 한숨과 눈물의 짐이라,

내가 젖은 눈으로 우러러보며 귀를 기울이오니

거기엔 오직 주만 계시옵니다.

아멘.

걷지 못하게 된 이들을 위한 기도

오, 하나님
이렇게 집에만 묶여 있으면서 때로
내가 무언가를 놓치고 있다는 생각을 하게 됩니다.
우선 확 트인 길도 잃어버렸고,
언덕 저 너머에서 불어오는 시원한 바람도 잃어버렸고
신나는 놀이도 시합도 한번 못해보는 것은 물론
구경도 마음대로 못하였습니다.
주일에 교회 가는 것도 어렵고
음악회, 연극 관람도 못 갑니다.
그러나 주님, 감사합니다.
나의 몸은 한 곳에 묶여 있지만
내 상상과 꿈마저 묶어 두지는 못하고
읽고 싶은 책을 마음껏 읽었으며
라디오와 텔레비전이 좋은 친구가 되어주었습니다.
거기다
나를 잊지 않는 친구들이 찾아와 동무가 되어주었고

나의 가족들도 힘껏 도와주었습니다.
주여, 나 스스로를 가여워하지 않게 하시고
밝은 미소와 웃음을 잃어버리지 않게 하옵소서.
옛시인의 말을 늘 기억하게 하시옵소서.
"여호와께서 비천한 자들을 일으키시도다"(시 146:8)
오직 주는
기진한 이의 안식이요 마음이 슬픈 사람의 즐거움이며
낙담한 자들의 소망, 마음이 기쁜 자의 빛이요
나그네의 안식처요 벼랑 끝에 선 자의 힘이며
위험 당한 자의 피난처요 친구요 구원자 되시옵니다.
아멘.

사고로 부상당한 이들을 위한 기도

오, 하나님. 그 날 아침,
내가 이 병원에 실려 오게 되리라고는 생각지 못하였습니다.
이제, 내가 확실히 알게 된 것은
우리 인생은 불확실한 일들의 연속으로서
바로 잠시 후에 어떤 일이 일어날는지
알 수 없다는 점입니다.
물론, 그렇게 된 일이 모두 나의 잘못이든 아니든
누구를 원망하거나 탓할 수도 없습니다.
주여, 나로 이 일을
있는 그대로 받아들이게 하시되
회복의 절차도 의사의 지시에도 순응하게 하옵소서.
나를 사랑하는 이들이 충격에 휩싸이지 않게 하시고
저들 모두는 나와 같은 사고를 면하게 하옵소서.
저들로 지나치게 염려하지 않게 하시고
좋은 치료를 받고 있는 것에 안심하게 하옵소서.
이 병원을 나가서는 매사에 더욱 조심하는 가운데

다시는 이런 사고에 휩싸이지 않게 하시며 더욱이
나의 부주의로 타인을 상하게 하는 일이 없게 하옵소서.
이러한 사고에도 목숨을 부지케 하여주신 은총에 감사합니다.
상태가 호전되고 있는 것도 감사합니다.
불편을 잘 견디는 좋은 환자가 되게 하시고, 그리하여
나의 발로 뛰기도 하고 걷기도 하는 날이 속히 오게 하옵소서.
지혜자의 충고는 참으로 옳은 것입니다.
"너는 내일 일을 자랑하지 말라
하루 동안에 무슨 일이 일어날지
 네가 알 수 없음이니라"(잠 27:1)
그럼에도 불구하고 나로 힘있게 말하게 하옵소서.
평강, 참되고 온전한 평강을 알 수가 없다고요?
아니요, 주 예수는 아십니다.
보좌에 앉으신 그분은 모든 것을 아십니다.
아멘.

홀로 남아 있는 이들을 위한 기도

오, 하나님

이 세상에 나 홀로 남겨졌다는 사실이 참으로 괴롭습니다.

동서남북, 사방 어디에도 위로될 만한 것이 없습니다.

물론 내 수중에는 살아가기에 충분한 얼마간의 돈이 있고

하여야 할 일도, 직장도 있습니다.

그러나 나는 여전히 혼자입니다. 외롭습니다.

그런 것들이 나를 채울 수 없습니다.

오 하나님,

나로 믿음의 참 의미를 알게 하시고

참되게 소망하여야 할 것이 무엇인지 깨닫게 하옵소서.

나를 둘러싼 구름같이 허다한 증인들이 있어서

나를 격려하고 응원하는 것도 보게 하옵소서.

주께서 세상 끝 날까지 나와 항상 계시겠다는 약속의 말씀에

용기와 새 힘을 얻게 하시고 무엇보다

주께서 나를 세상에 남겨두신 그 뜻을 알게 하옵소서.

내가 하여야 할 일, 할 수 있는 일을 찾게 하시고

나를 필요로 하는 사람들, 슬픔 당한 사람들을 찾아가서
위로와 용기를 나누게 하옵소서.
바울 사도의 확신이 나에게도 동일하게 넘치게 하옵소서.
"형제들아 자는 자들에 관하여는
너희가 알지 못함을 우리가 원하지 아니하노니
이는 소망 없는 다른 이와 같이 슬퍼하지 않게 하려 함이라
우리가 예수께서 죽으셨다가 다시 살아나심을 믿을진대
이와 같이 예수 안에서 자는 자들도
하나님이 그와 함께 데리고 오시리라"(살전 4:13,14)
인자하신 목자께서 그 양떼를 영원히 인도하시리니
이윽고 푸른 초장, 잔잔한 시내에 이르리로다.
그리고 거기에서 주 하나님은 그의 자비하신 손으로
모든 눈의 눈물을 닦아 주시리로다.
아멘.

건강한 이들을 위한 기도

오, 하나님

주께서 주신 귀한 선물들을 잊고 살 때가 많습니다.

주께서 주신 행복에 더욱 감사하는 자가 되게 하옵소서.

무엇보다 육신의 건강에 감사하게 하시고

건강한 마음, 눈과 귀, 심장, 내 몸의 모든 지체들이

적절하게 움직여 주는 것에 감사합니다.

주여, 건강이 상한 이들, 병든 사람들,

장기가 튼튼하지 않아 고통 당하는 이들에 대해

가슴 아파하게 하옵소서.

저들을 위해 중보하게 하옵시되

얕보거나 그들의 당한 고통을

즐기는 눈으로 바라보지 않게 하옵소서.

욥이 "나는 맹인의 눈도 되고 다리 저는 사람의 발도 되고

빈궁한 자의 아버지도 되며

내가 모르는 사람의 송사를 돌보아 주었은즉"(욥 29:15,16)

오 주여, 나도 그러하게 하옵소서.

주께서 나에게 허락하신 건강,
부형과 친구들 모든 사랑하는 이들이
나는 도울 수 없사오나
오직 위로부터 내리시는 신령한 것들로 넘칠진저!
아멘.

까다로운 환자를 위한 기도

오, 하나님
주께서는 너무도 잘 아십니다.
내가 지금 매우 힘들어하고 있다는 것을.
작은 움직임, 소리 하나에도 민감하고
안절부절못하여 오래 참지도 못하고
눈에 보이는 대로 인정하지 않고
날이 갈수록 요구하는 것이 많아
다른 사람들에게 많은 괴로움을 끼칩니다.
오 하나님, 나에게 참을성을 주옵소서.
잦은 분노로 모든 것을 망치지 않게 하시고
언제나 이해하려고 힘쓰며 연민하게 하옵소서.
다른 사람과의 어려운 시간을 잘 견뎌낼 수 있는
선량한 마음과 함께 지혜의 말을 주옵소서.
여간한 자극에도 성을 내지 않게 도와주옵시고
다만, 내 할 본분을 행하여 유순한 자 되게 하옵소서.
속히 회복되어 건강한 몸과 마음을 갖게 하옵시고

이 괴로운 시간들을 잊게 하옵소서.
오직 주께서 길이 참으시고 인내하셨던 것을 기억하게 하시고
베드로 사도께서
봉사하는 이들에게 주신 충고를 마음에 새기게 하옵소서.
"사환들아 범사에 두려워함으로 주인들에게 순종하되
선하고 관용하는 자들에게만 아니라
또한 까다로운 자들에게도 그리하라
부당하게 고난을 받아도
하나님을 생각함으로 슬픔을 참으면 이는 아름다우니……
선을 행함으로 고난을 받고 참으면
이는 하나님 앞에 아름다우니라"(벧전 2:18-20)
이 괴롭고 지루한 길을 묵묵히 지나야 할지라도
또한 슬픔의 왕관이 우리에게 가득 쌓일지라도
결코 끝나지 않는 오솔길은 없는 거라네,
어두움이 언제나 계속되는 건 아니라네
우리 영혼 가운데 속삭여주시는 말씀, "이제 다 왔다!"
아멘.

완쾌되지 않을 것을 아는
환자를 위한 기도

오, 하나님
오늘 요양원을 떠나 다시 집으로 돌아왔지만
옛 그 집이 아닙니다.
그동안 여러 의료진이 힘을 다해 치료하여주었고
또 나의 가족들이 몸을 아끼지 않고 돌보아주었지만
차도가 없고 회복의 가능성이 보이지 않습니다.
주님, 나로 하여금
나의 나 됨을 감사하며 이 상황을
기꺼이 인정하게 하옵소서.
나는 아직 여전히 살아 움직이고
말도 하면서 친구들을 만날 수 있습니다.
주께서 지으신 아름다운 세상을 보며
또 감사할 것들에 감사하면서 아직은
즐거운 것들에 웃어 줄 수 있는 여유도 있습니다.
주여, 이제부터
생을 있는 그대로 수락하게 하시고

가장 아름다운 모습들만을 추억하며 간직하게 하옵소서.
나의 앞에 주어진 생은 결코 끝나지 않았음을 알게 하시고
우리가 이 세상을 떠나는 것은
영원한 새로운 세계로 들어가는 관문이요
왕께서 나에게 베풀어주시는 잔치의 자리에
들어가는 복된 순간임을 알게 하셔서
잘 준비케 하옵소서.
내가 괴롭든지 편안하든지 죽든지 살든지
주께서 허락하신 것들, 일체에 자족하면서(빌 4:11)
오 주여, 다만 주의 크신 긍휼하심만을 간구하오니
나의 고통을 덜어주옵소서, 주여.
아멘.

다른 환자들을 위한 기도

오, 하나님
이 병원 이 병동에 나만 있는 것처럼 기도하지 않게 하옵소서.
오히려 더욱 많은 환자들이
더 큰 고통과 절망으로
신음하고 있다는 것을 기억하게 하시고
저들을 위해 기도하게 하옵소서.
이 병원의 모든 환자들,
이 병동의 많은 환자들에 복 내려 주옵시되
절망과 고독감, 두려움에 사무친 형제들
신경성으로 안정을 찾지 못하는 연약한 자매들
생각처럼 회복되지 않아서 불안해하는 사람들
마땅히 돌보아줄 가족이 없는 환자들
수술 후 회복 중에 있는 이들
병원비가 부족하여 염려하는 가족들
주여, 이들을 사랑하는 마음으로
저들과 아픔을 나누는 가운데

나의 고통은 잊어버리게 하옵소서.

주여, 나로 바울 사도의 충고를 기억하게 하옵소서.

"너희가 짐을 서로 지라

그리하여 그리스도의 법을 성취하라"(갈 6:2)

병중에 있든지 슬픔이든지 궁핍과 걱정에 처하든지

무엇이든 우리는 함께 나누어야 하리니,

나로 돕는 손이 되게 하옵소서.

이로서 우리는 그분의 긍휼히 여기심을 받으리로다.

아멘.

출산을 기다리는 산모들의 기도

오, 하나님, 때가 찼습니다.
나의 때가 이르렀습니다.
내게 엄습하는 긴장과 걱정을 제하여 주옵소서.
나의 마음을 편안하게 하시고
두려움이 없게 하옵소서.
나의 이 "즐거운 시련"에 스스로 강하게 하시고
나의 이 괴로움을 통하여 주께서는
또 하나의 축복 받은 생명을
이 세상에 탄생케 하신다는 것을 기억하게 하옵소서.
주 예수께서 하신 말씀 그대로 내게 이루어지이다.
"여자가 해산하게 되면 그 때가 이르렀으므로 근심하나
아기를 낳으면 세상에 사람 난 기쁨으로 말미암아
그 고통을 다시 기억하지 아니하느니라"(요 16:21)
오 아버지여, 주께서는 우주 만물을 창조하셨사오니
가장 겸손한 마음으로 간구합니다.
새로이 태어날 이 어린 생명을 굽어보옵소서.

저가 이제 그 힘찬 인생여정을 출발하기 위하여
주의 명령을 기다리고 있사오니
주의 부드러운 숨결로 굽어살피시고
그 영혼에 주의 형상과 모습을 인(印)쳐 주옵소서.
오, 아버지여 들어주옵소서.
아멘.

출산 후의 기도

오, 하나님 감사합니다.
주께서 허락하신 새로운 생명이
나를 통하여 무사히 이 세상에 출생하였습니다.
이 새로운 생명에 복을 주옵시되
온갖 위험과 생명의 위협으로부터 안전하게 지키시고
모든 어둠의 세력으로부터 보호하사
낮의 해도 밤의 달도 저를 해하지 못하게 지키시며
저의 출입을 영원토록 지켜 주옵소서(시 121:6).
무엇보다 주 예수를 친구로 삼은 일생이 되게 하옵소서.
그리하여 이 세계를 위하여 쓸모있는 일꾼이 되게 하시고
우리 모두에게 자랑스러운 사람이 되게 하옵소서.
특별한 은총을 더하사 주 예수께서 그러셨던 것처럼
몸이 자라고 지혜가 자라고
하나님과 사람 앞에 사랑스럽게 하옵소서(눅 2:52).
또 엄마로서 내게 주신 책임을 기억하며
주께서 내게 맡기신 신뢰를 저버리지 않게 하옵소서.

오늘, 주 예수께서 이 세상에 계실 때
어린 아이들을 복 주시며 하신 말씀을 기억합니다.
"누구든지 이 어린 아이와 같이 자기를 낮추는 사람이
천국에서 큰 자니라
누구든지 내 이름으로 이런 어린 아이 하나를 영접하면
곧 나를 영접함이니라"(마 18:5)
주여, 그 말씀을 행할 수 있도록
순전하고 신실한 마음을 주옵소서.
이 작은 영혼은 우리의 행위를 본받을 것이오니
주여, 우리로 이 새 생명을 그릇 인도하지 않게 하시고
그를 인도하는 우리의 발걸음이 복되고 복되게 하옵소서.
아멘.

부활이요 생명이신
주 예수께 감사하는 기도

주 예수여,

오늘 내가 경험하는 이 일들은 이미 오래 전에

주 예수께서 겪으셨던 일이란 사실이 나를 크게 위로합니다.

주께서는 이 세상에 계실 때

나처럼 매일 생활비를 위하여 노동하셨고

내가 늘 시험을 받는 바와 같이

주께서도 유혹을 받으셨으며

내가 늘 마음의 번민으로 괴로워하는 것처럼

주께서도 겟세마네에서 처절한 고통을 겪으셨고

내가 당하는 고통과는 비교가 안될 만큼의

엄청난 고통도 몸소 당하셨습니다.

부활이요 생명이신 주여,

주는 죽으셨으나 다시 사심으로

죽음을 단번에 이기셨고

언제나 우리와 함께 하신다 약속하신 대로

한시도 우리 곁을 떠나지 않으십니다.

그러므로 나에게 어떤 일이 일어나든지
주께서 이미 거기에 계셨고
지금도 계시며
세상 끝날, 그 후에까지라도 계실 줄 믿습니다.
주께서 마르다에게 주신 말씀은 오늘 나에게도 힘이 됩니다.
"나는 부활이요 생명이니 나를 믿는 자는 죽어도 살겠고
무릇 살아서 나를 믿는 자는 영원히 죽지 아니하리니"(요 11:25)
길이요 진리요 생명 되시는 주여,
나로 그 길을 알게 하시고
그 진리를 따라 살게 하시고 그 생명을 얻게 하옵소서.
그리하면 영영한 즐거움이 있으리이다.
아멘.

선한 의사 되시는 그리스도와
그의 많은 제자 의사들에게 감사하는 기도

오 하나님,

선하시고 좋으신 의사 되시는 예수님을 인하여 감사합니다.

주께서는 병과 함께 우리의 죄를 용서하여 주시면서

몸과 함께 영혼도 온전케 하여 주셨습니다.

육신의 고통과 함께 마음의 걱정거리도 제하여 주셨습니다.

오늘, 주를 닮은

많은 선량한 의사들을로 인하여 감사합니다.

저들은 밤을 지새는 연구와 땀 흘리는 수고로

때로는 자신의 생명의 위험도 무릅쓰면서

다른 사람의 생명을 위하여 애쓰고 있습니다.

환자와 고통을 함께 나누기도 하고

환자의 일그러진 정신과 육신을 치유하면서

저들은 묵묵함으로, 굳은 의지로

길이 참는 모범을 우리에게 보여줍니다.

저들의 하는 일에 복 내려 주옵시고 즐거움을 주시되

영원한 "선한 의사"를 대행하고 있다는 것을 기억하게 하시고 거기서 오는 보람도 늘 자각하게 하옵소서.
주 예수께서 말씀하셨사오니
"건강한 자에게는 의사가 쓸 데 없고
병든 자에게라야 쓸 데 있느니라
나는 의인을 부르러 온 것이 아니요
죄인을 부르러 왔노라"(마 9:12,13)
주여, 저들이 불구자를 치료하고 눈먼 자를 치료할 때
그리스도의 사랑이 드러나게 하시고
"선한 의사" 그리스도의 마음이 선포되게 하시며
구주께서 우리의 친구 되시는 것이 증거되게 하옵소서.
이는 주께서 그의 뜻대로 종들을 택하여 부르사 보내셨사오니
오늘날 많은 의사들은
만물을 새롭게 회복하시려는 주의 사랑이요
긍휼히 여기심이니이다.
아멘.

하나님의 선하심과 긍휼하심에 대한 감사

오 하나님,
병상에 누운 이래 많은 것을 알게 되었습니다.
우리 인생은 내일 무슨 일이 일어날 지 알 수 없는
생명의 불확실성,
"무지한 제약" 가운데 사는 것을 알았습니다.
우리는 다만 연약한 피조물로서
생명의 약점이며
무수한 허약함을 지니고 있다는 것도 이제 알았습니다.
그리고 나 자신이 이 세상에 꼭 필요한,
필수불가결한 존재가 아니라
나 없이도 이 세상은 얼마든지 돌아간다는 것도 알았습니다.
우리는 다만, 위로가 필요한 하찮은 존재일 뿐입니다.
무엇보다 주님에 대하여 많은 것을 알았습니다.
순간순간 주의 따뜻한 체온과 함께 숨결을 느꼈고
빛이 비칠 때마다 주께서는 곧 그림자로 나를 가려주셨으며
잘못 가고 있을 때마다 곧 나타나셔서

선한 방향으로 돌이켜주셨습니다.

주께서는 오직 선하심과 인자하심으로 나를 인도하시오니

영원하신 사랑으로 나를 보호하여 주옵소서.

나 또한 감히 외치리이다.

"여호와께서 여기까지 우리를 도우셨도다"(삼상 7:12)

오, 나의 가는 길에

기쁨의 순간에도,

시련의 파도가 몰려올 때에도

일마다 때마다 사랑의 태양으로 나를 따라오셨네.

"내가 전심으로 주께 간구하였사오니

주의 말씀대로 내게 은혜를 베푸소서."(시 119:58)

진실로 전심으로 주를 찾는 자는

온전함 가운데 정직한 주를 만나리로다.

아멘.

병원에 대한 감사 기도

오 하나님,
병약한 인생들을 위하여
병원과 진료소, 요양원을 마련하여 주심에 감사합니다.
또 무엇이 잘 못되었는지를 알고
바르게 고칠 수 있는 지식과 기술을 허락하신 것도 감사합니다.
고통가운데 신음하는 환자들을
밤이나 낮이나 보살피는 이들이 있는 것도 감사합니다.
환자들, 병약한 사람들 늙은 사람들을 성가신 존재로 여기지 않고
관심과 사랑으로 보살펴주는 사람들을 인해서 감사합니다.
의사들과 간호사들을 인하여 감사합니다.
그 외에도 병원에서 효과적으로 치료할 수 있도록 돕는 사람들
기계를 다루는 기술자들, 약제사들
식사를 위해 수고하는 사람들
의료보험사무원들, 복지사들, 청소부들
응급처치사들, 안전요원들
사무실 직원들, 앰뷸런스 운전사들

우리의 짐을 대신 날라주는 사람들을 인하여도 감사합니다.
이들의 수고를 늘 기억하며 감사하게 하옵소서.
"내가 진실로 너희에게 이르노니 너희가
여기 내 형제 중에 지극히 작은 자 하나에게 한 것이
곧 내게 한 것이니라"(마 25:40)
예수께서 하신 말씀을 병원 종사자들이 늘 기억하게 하시되,
고아와 의지할 데 없는 이들을 위로하고 축복하고
재난 당한 사람을 찾아 기름을 바르는 것은
진실로,
이 땅에서 주의 천사들의 일을 하는 것이니이다.
아멘.

병원 의료진에 대한 감사

오 하나님,

병원에서 수고하는 의사들에게 복을 내려 주옵소서.

이들의 전문지식과 기술이 나에게 크게 유익하였습니다.

간호사들에게도 복을 주옵소서.

저들의 천사 같은 미소와 밝은 표정과 오래 참음과

밤낮을 가리지 않은 친절한 돌봄으로

나는 많은 고통을 잊었습니다.

병원 식사를 준비한 영양사들에게 복 내려 주옵소서.

병원을 늘 깨끗하고 쾌적하게 만드는 청소부들

행정직원들에게도 복을 주옵소서.

전 세계에 흩어져 있는 병원, 요양원, 진료소에 복 주옵시고

그 하는 일에 기쁨과 만족을 주옵소서.

그리고 이들로 늘 기억하게 하시되

예수께서는 치료가 필요한 이들을 사랑으로 어루만지며

민망히 여기신 것을 잊지 않게 하옵소서.

나로 복음서에서 보는 예수님을 기억하게 하옵소서.

"저물매 사람들이 귀신 들린 자를 많이 데리고 예수께 오거늘
예수께서 말씀으로 귀신들을 쫓아내시고
병든 자들을 다 고치시니
이는 선지자 이사야를 통하여 하신 말씀에
우리의 연약한 것을 친히 담당하시고 병을 짊어지셨도다
함을 이루려 하심이더라"(마 8:16,17)
모든 의술과 지식이 주께로부터 왔사오니
또한 긍휼히 여기는 마음과 돌봄과 사랑과
잠잠함 그리고 용기와
소망과 믿음을 저들에게 부어주옵소서.
아멘.

원목, 그리고 병원을 방문하여 위로하는 이들을 위한 기도

오 하나님. 주께 구하오니

모든 병원과 요양원의 원목들,

또 환자들을 방문하여 위로하는 이들에게도 복 내려 주옵소서.

저들에게 그리스도를 닮은 동일한 동정심을 주시어서

불안하여 두려움에 떠는 사람, 고통 당하는 사람들과

아픔을 함께 나누는 기쁨을 누리게 하옵소서.

저들에게 밝은 표정과 함께 기쁜 마음을 주사

방문할 때마다 햇빛과 같게 하시고

그들에게 지혜를 더하사

들어갈 시간과 나가야 할 시간

할 수 있는 말과 해서는 안 될 말을 분별케 하옵소서.

의무감으로는 방문하지 않게 하시고

사람을 사랑하며 고통을 나누려는 마음을 갖게 하사

저들이 방문할 때마다

그리스도께서 그 자녀들을 위로하기 위하여

보내신 심부름꾼인 것을 모든 이들이 알게 하옵소서.

그 심부름꾼들이 이사야 선지자의 말을 기억하게 하옵소서.

"주 여호와의 영이 내게 내리셨으니

이는 여호와께서 내게 기름을 부으사

가난한 자에게 아름다운 소식을 전하게 하려 하심이라

나를 보내사 마음이 상한 자를 고치며

포로 된 자에게 자유를, 갇힌 자에게 놓임을 선포하며" (사 61:1)

모든 기술과 지식이 주께로부터 왔사오니

오직 겸손하게, 불쌍히 여기는 마음과

소망과 믿음으로 넘쳐나게 하옵소서.

아멘.

수술실의 의료진들을 위한 기도

오 하나님,

오늘도 병원에서는 많은 수술이 이루어지고 있습니다.

수술실의 사람들과 의사, 또 그를 돕는 사람들,

그리고 환자와 가족들

모두에게서 두려움과 불안을 제하여 주옵소서.

환자와 그 가족들이

간호사들의 친절하고도 효과적인 도움을,

마취사들의 지혜를

집도하는 의사들의 지식과 의술을 신뢰하게 하옵소서.

무엇보다 주께서 친히 수술실을 지켜보시며

일일이 지도하시는 것을 기억하게 하옵소서.

환자들은 다만 편안하고 휴식하는 여유로운 마음을 가지고

모든 것을 맡기고 기다리게 하옵소서.

수술 결과는 오직 주께서 주장하실 것인즉

사랑하는 가족들이나 친구들은

다만 잠잠하게 확신하며

주의 자비하심만을 구하게 하옵소서.

주여, 우리는 다만 옛시인의 기도를 드리오니

“내가 두려워하는 날에는 내가 주를 의지하리이다”(시 56:3)

나의 빛 되신 주께서 나의 치료자 되시오니

무엇이 나를 놀라게 하리요.

주께서 내 생명의 능력이시오니

내가 무엇을 두려워하리요.

아멘.

퇴원하는 환자를 위한 기도

오 하나님,

오늘도 많은 환자들이 치료를 마치고 퇴원하도록 허락 받습니다.

저들이 많이 부럽기도 합니다.

결코 저들을 시샘하는 것이 아님을 주께서는 아시옵니다.

또한 병원생활이 지겨워서도 아닙니다.

다만, 저들의 기쁨을 나의 것으로 삼게 하시오니 감사합니다.

다시 찾는 것보다 더 큰 기쁨은 없사오니

온 가족에게 회복의 즐거움을 누리게 하옵소서.

모두들 더욱 조심하여 재발하지 않게 하시고

늘 건강의 소중함을 잊지 않게 하시며

무엇보다

주께서 베푸신 치유의 은총에 감사하게 하옵소서.

나 역시 속히 퇴원하게 하시되

새로이 입원하는 환자들에게는

신병(新兵)에게 친절한 베테랑 용사처럼 자상하게 하옵소서.

바울 사도께서 그 친구들에게 알려 주려던 것을 나로 알게 하옵소서.

"즐거워하는 자들과 함께 즐거워하고
우는 자들과 함께 울라"(롬 12:15)
병으로 피곤하고 지친 이를 달래어 주라.
형제의 필요를 채워주며 자매를 돌보아 주라.
높은 데 계신 그분을 의지하라.
다만, 우리 모두는 그들의 짐을 나누어질진저!
아멘.

하루를 시작하는 기도

오 하나님,
새로이 허락 받은 오늘 하루를 즐거움으로 맞게 하시고
감사함으로 보내게 하옵소서.
오늘의 치료 과정이 나를 실망시키고
더 나아지는 것이 보이지 않고 악화되어도
나로 낙담하지 않게 하소서.
의사와 간호사들에게 감사하면서
저들을 피곤케 하지 않는 좋은 환자가 되게 하시고
또 다른 환자들에게는
용기와 격려를 아끼지 않는 좋은 이웃이 되게 하시고
무엇보다 즐겨 "듣는 자"가 되게 하시되
나의 고통보다는
다른 사람의 괴로움에 더욱 귀 기울이게 하시고
오늘 하루를 지날 때에
결코 후회함이 없게 하옵소서.
옛날 선지자의 믿음과 감사를 함께 나누게 하옵소서.

“여호와의 인자와 긍휼이 무궁하시므로
우리가 진멸되지 아니함이니이다.
이것들이 아침마다 새로우니
주의 성실하심이 크시도소이다”(애 3:22,23)
무엇이 진정 우리의 기쁨인지 알 수 없지만
오늘 하루가 기쁨으로 넘치게 하시고
우리가 가는 길에서 슬픔도 좌절도 만나게 되겠지만
그러나 이것은 분명히 압니다.
오, 모든 선함과 악함을 통하여
하나님의 크신 은혜가 나를 도우사
마침내 하나님의 거룩하신 뜻에 이르게 되리이다.
아멘,

하루를 마치는 기도

오 하나님,

오늘 하루를 은혜로 마치게 하시오니 감사합니다.

오늘, 나를 보살펴준 사람들에게

또 식사를 마련해준 이들에게 감사합니다.

오늘도 회복의 과정을 따라

내게 필요한 치료를 연구하고 마련한 이들에게도 감사합니다.

오늘도 하루를 지내는 나를 배려하고 양보하여

큰 불편이 없게 도와 준 이들에게 감사합니다.

혹, 생각 없이

작은 불편을 참지 못하여 다른 사람을 거스르고

다른 사람을 성가시게 한 것을 용서하여 주옵소서.

다른 사람을 힘들게 하였거나

"환자의 특권"을 내세운 것을 또한 용서하여 주옵소서.

병실에서 나눈 우정에 감사합니다.

저들을 복 내려 주시고 도와주옵소서.

이 밤, 평안히 잠들게 하시고

내일 더욱 새로워진 아침을 맞게 하소서.
나로 옛 시인의 믿음을 생각하게 하소서.
"여호와여, 주께서는 화가 네게 미치지 못하며
재앙이 네 장막에 가까이 오지 못하게 막으시고
그가 너를 위하여 그의 천사들을 명령하사
네 모든 길에서 너를 지키심이라"(시 91:10,11)
이 저녁에도 주께서 나와 함께 계시올지라,
빛도 어두움도 주께서 펴신 것이오니
우리는 당신의 날개 아래에서 안식할 것인즉
주께서 우리의 방패 되시리로다.
아멘.

2장

병원에서의 2주간
그리고 특별한 날의 기도

PRAYERS FOR 14 DAYS IN HOSPITAL
& FESTIVALS, SPECIAL DAYS

첫날 아침

오, 회복의 하나님
오늘 하루를 주의 평강 가운데 보내게 하옵소서.
나로 아무런 불평 없이 아픔을 참게 하시고
귀찮은 일들을 즐겁게 견디게 하옵소서.
작은 불편과 어려움을
함께 나누게 하시고
오늘 하루가
건강을 회복하는 길의 첫 걸음이 되게 하소서. 아멘.

저녁

오, 기쁨의 하나님
오늘 나를 위하여 시행되어졌던 모든 일,
곧, 병원 안에서의 친절하고도 자상한 보살핌
그리고 나를 방문하여 위로한 사람들에게 감사합니다.
나에게 건강을 되찾도록 도와준 모든 것들,
마음의 만족을 주고

기쁘게 하였던 것들로 감사합니다.
주여, 낯설고 익숙지 않는 이곳에서
평안 가운데 잠들 수 있게 하시고
또한 내가 감사하여야 할 사람들,
나와 같은 고통을 겪고 있는 환자들에게도
기쁨의 복을 내려주옵소서. 아멘.

2일째 아침

오, 은혜의 하나님!
오늘 누구에게나 따뜻하고
온화하게 대하는 은혜를 주옵소서.
고통 가운데에서도 기쁨을 나누게 하시고
불편 가운데에서도 남을 배려하게 하소서.
말할 때에는
주의 명하신 바, 그 뜻을 바르게 말하게 하시고
그러나 침묵하여야 할 때와
다소곳이 들어야 할 때도 분별하게 하소서.
이 병원 안의 모든 사람들이
오늘 하루 만나는 사람마다
새로운 우정의 관계로 들어가게 하시고
새로운 힘을 얻어 회복의 길에 들어서게 하옵소서. 아멘.

오, 용서의 하나님,

오늘 하루 스스로 우울하였던 일

또 남의 마음을 어둡게 한 일을 용서하여 주옵소서.

나의 입술과 혀,

나의 눈빛과 표정에 있었던 불평의 말들을

또한 용서하여 주옵소서.

예수 그리스도의 좋은 군사로서

고통을 기꺼이 함께 나누지 못한 일을 용서하옵시고

이 밤, 평안 가운데 안식하게 하시고

내일 아침 더욱 건강한 몸으로

평화스러운 마음으로 일어나게 하옵소서. 아멘.

3일째 아침

오, 능력의 하나님!

오늘

이 병상에서 전에는 할 수 없었던 일을 할 수 있게 하시되

무엇보다, 나 자신을 돌아보게 하사 감사하게 하시고

또한 나의 삶을 돌아보게 하사

건강을 되찾은 후에는

제 몫을 다하여 일하는 사람이 되게 하옵소서.

여기 있는 동안 주의 말씀과 더욱 친숙하게 하시되

주께서 참으로 내게 말씀하시는 바를 듣게 하옵소서.

그리하여 이 후에는

강건한 육신과 정직한 마음, 그리고 선한 삶으로

주와 함께, 주의 능력 안에 견고히 거하게 하옵소서. 아멘.

오, 평강의 하나님!

오늘 잠들기 전 나의 사랑하는 사람들을 기억합니다.

이 고요한 시간에

그 모든 이름들을 낱낱이 주께 고하오니

외로운 사람,

어두움 가운데서 고통 당하는 사람

배고픔과 추위, 곤궁함에 처한 사람

육신의 질고와 마음의 고뇌가 있는 사람

모두가 주께서 주시는 위로와 평강이 필요하오니

주의 따스한 품,

평강의 날개 아래 잠들게 하옵소서.

누구도 침범할 수 없는 참 평강의 밤을

저희들에게 주옵소서. 아멘.

오, 도우시는 하나님
아침에 일어나는 일이 힘들었고
하는 일에 대한 피로와 싫증 그리고 의욕의 상실로
마침내 이곳 병원까지 오게 되었습니다.
주여, 참을성 많은 환자가 되게 하시고
치료에 대한 강한 희망과 기대를 가진 사람으로서
퇴원한 후에는 매일의 삶이
두근거리는 가슴과 희열의 마음으로 넘쳐나게 하시되
나른함과 고달픔을 떨쳐버리고
오직 도우시는 하나님의 능력 안에서
오히려 안연하게 하옵소서. 아멘.

오, 나를 위해 준비하시는 하나님

이 저녁에도 나를 위해 모든 것을 준비하사

나의 몸을 평안히 눕게 하시고

통증이 가벼워지게 하시고 복잡한 생각들이 정돈되며

마음에 평강을 주시오니 감사합니다.

불확실한 미래에 대한 나의 두려움을 제하여 주시고

꼬리에 고리를 무는 망상의 고리를 끊어 주시고

온전히 주를 의뢰하게 하시며

주의 신실한 심부름꾼 된

의료진들을 신뢰하게 하소서. 아멘.

5일째 아침

오, 소망의 하나님!
오늘 하루,
지나간 일로 염려하지 않게 하시고
일어날 지도 모르는 일에 착념하지 않게 하옵소서.
주여, 있는 사실 그대로를 받아들이게 하옵시되,
돌이킬 수 없는 과거의 일로 후회하지 않게 하시고
또한 알 수 없는 미래의 일로 두려워하지 않게 하옵소서.
다만, 허락하신 오늘 하루에 감사하게 하시고
내가 감당할 수 없는 일에 무리하지 않게 하시며
아버지는 그 자녀에게 결코
불필요한 눈물을 흘리게 하지 않으신다는 것과
또한 그 자녀를 아버지의 사랑과 관심 저 너머로
표류하도록 방치하지 않으신다는 것을 믿게 하소서.
오직, 오늘 하루를 기쁨과 기대 가운데 살게 하시고
만나는 모든 사람들에게 그 기쁨과 기대를 나누게 하소서. 아멘.

오, 임마누엘의 하나님!

오늘 하루

나를 만나는 사람들에게 웃는 얼굴로 인사하며

미소를 전하게 하시오니 감사합니다.

또한 나를 만나는 사람들이 진심으로 나의 회복을 기도하고

나 역시 관심과 사랑으로 보살핌 받게 하시오니 감사합니다.

지금 이 시간 나를 기억하며 기도하는 사람들,

내가 없는 사이에,

우리 가정을 보살펴 주는 사람들에게 복 주시고

여기에 있는 기간이 오래지 않게 하시며

오늘도 나와 함께 하사 위로하시고

사랑하는 가족의 품으로 돌아가는 날이 속히 오게 하소서. 아멘.

오, 기대의 하나님!
주께서는 오늘 하루를 우리에게 허락하셨습니다.
은혜와 감사로 새로운 하루를 맞았사오니
그렇게 하루를 보내게 하소서.
오늘 이기적인 것, 자기 연민으로부터 멀어지게 하시고
고통받는 사람이 나 하나가 아니며
치료받는 사람이 나 하나가 아닌 것을 기억하게 하소서.
나에게 행해지는 지루한 치료의 과정을
감사로 받아들이게 하시고
결코 짜증내거나 재촉하지 않게 하옵소서.
오직 감사와 여유로 유쾌해지는 날을 기다리게 하시고
오늘의 이 괴로움들은
훗날 나에게 주실 건강과는 비교되지 않으리라는 것을
온 마음으로 기대하게 하옵소서. 아멘.

오, 안위의 하나님!

이 저녁 이 병원에 있는 이들에게 복을 내려 주옵소서.

수술 중에 있는 이들, 수술 받고 회복 중에 있는 이들

평안히 잠든 이들, 잠 못 이루고 뒤척이는 이들

고통으로 괴로워하는 이들을 위로하시고

오, 이제 그 생명의 불꽃이 사위어가는 이들.....

모두 주의 긍휼하신 손에 맡겨드리오니

주여, 이 시간 함께 계시고 복 주옵소서, 위로하소서.

이 병원 곳곳에서 언제나 불을 밝히며

그 의무를 다하고 있는 헌신적인 의료진들

다급하게 부르는 목소리를 듣고 달려가는 의사들

이들에게 하나님을 사랑하고

하나님의 지으신 인간의 생명을 사랑하는 일에

피곤을 느끼지 않게 하옵소서.

주가 주시는 사랑으로 안위하여 주옵소서. 아멘.

오, 찾아오시는 하나님!
이 낯선 병실도 한 주일간의 입원으로 이제는 익숙해졌고
오늘 주일은 교회에도 가지 못하였습니다.
아주 뜻밖의 일입니다.
다만, 방송으로라도 예배드릴 수 있는 것에 감사합니다.
가족들과의 즐거운 시간도,
주일저녁의 즐거운 만찬도 오늘은 할 수 없습니다.
한 가지 사실이 분명해졌습니다.
전에는 별로 중요하게 여기지 않았던 일들이
이제, 나에게는 가장 소중한 일들이 되었습니다.
여기에서도 성경을 읽고 기도할 수 있음을 감사합니다.
세상 끝 날까지 함께 계시겠다고 말씀하신 주의 약속대로
주께서는 여기에서도 나와 함께 계시는 줄 믿습니다.
오늘 교회에 있는 것과 다름없는 평안을 주옵소서. 아멘.

오, 찬송의 하나님!

주의 말씀을 가지고 오늘 나를 방문한 사람들로 인하여 감사합니다.

오늘은 방송을 통하여 기도하였고 찬송을 드렸고

또 설교말씀을 들었습니다.

이를 통해서도 주님의 임재를 느끼게 하시오니 감사합니다.

나를 잊지 않고 기도해주는 사람들에게도 감사하고

오늘도 변함없이

치료와 돌봄으로 수고한 사람들에게 감사합니다.

이 밤에도 육신의 평강을 주시사

마음의 평안으로 찬송하게 하옵소서. 아멘.

오, 약속의 하나님!

오늘도

내가 잊혀진 사람이 아니란 것을 알게 하시오니 감사합니다.

많은 사람들이 꽃과 함께 카드를 보내주었습니다.

선물도 보내주고 사랑의 말로 나를 위로하였습니다.

전에는 이러한 일들이 이토록 큰 의미를 갖는지 몰랐습니다.

이제 다시 건강하게 되면

병원에 있는 사람들을 늘 기억하면서 기도하겠습니다.

편지도 보내고 격려의 카드도 보내고

저들이 나를 기억한 것처럼

시간을 내어 자원봉사자로서 늘 기억하면서 돕겠습니다.

오늘 새로이 허락받은 하루, 한 주간을 만족하게 하시고

감사하게 하시고 밝은 표정을 머금게 하소서.

내가 어려움 가운데서도

주님과 동거하는 것을 다른 이들로 알게 하소서. 아멘.

저녁

오, 안식의 하나님!

병원에서의 날들을 통하여

잠이 가장 좋은 약이요 회복의 길인 것을 알았습니다.

오늘도 평안한 밤과 함께 잠을 주옵소서.

모든 두려움과 염려, 긴장과 두근거림을 제하여 주시고

나의 몸이 누그러지게 하시고

마음이 평안하게 하시고

영혼이 안식하게 하옵소서.

주의 초청을 기꺼이 받아들이게 하시고

모든 무거운 짐은 주 앞에 내려놓게 하옵소서.

주께서는 그 사랑하시는 자에게 단잠을 주시오니

주의 영원하신 팔에 안겨

평안히 누워

주의 은총을 읊조리며 즐기게 하옵소서. 아멘.

9일째 아침

오, 돌보시는 하나님!
오늘 이렇게 누워 주께 청하오니,
모든 이들에게 복 내려 주옵소서.
지금도 바쁜 걸음으로 일터를 향해 달음질하는 사람들,
공장에서, 항만에서, 광산에서 땀흘려 일하는 사람들
사무실에서 각자의 맡은 바에 충실한 사람들
그리고 학교에서 열심히 가르치는 선생님들과 배우는 아이들
가정에서 가족들의 건강을 책임지는 엄마들
병원에서 수술과 치료로 환자들을 돕는 사람들
보이지 않는 곳곳에서 수고하는 사람들
모두에게 기쁨과 즐거움이 넘치게 하옵소서.
나도 속히 일터로 돌아가게 하시고
사람들을 위하여 힘써 일하게 하옵소서. 아멘.

오, 새벽의 하나님!

오늘 나를 돌보아 준 모든 사람들에게

방문하여 위로하여 준 사람들에게 감사합니다.

오늘 좋은 소식을 전해준 신문과

유익한 잡지와 책에게 감사합니다.

그 선한 은사들이 꼭 필요한 사람들에게

큰 격려가 되는 것을 알게 하옵소서.

오늘도 변함 없이 돌보는 사람들로

심신으로 위로 받게 하시고

회복시켜 주시오니 감사합니다.

이 밤 어린양처럼 평안한 잠을 주시옵고

밤을 주시고 또한 새벽을 여시는 하나님,

내일 아침 종달새처럼 활기차게 일어나게 하옵소서. 아멘.

오, 지식의 하나님!
오늘 나에 대한 온갖 염려를 제하여 주시고
다른 사람에 대한 걱정들을 없애 주옵소서.
길이 참게 하시되, 조급한 마음이 없게 하시고
밝은 마음을 주시되, 낙망하지 않게 하옵소서.
이곳 병원에서
최고의 의술과 지식으로 치료받는 것을 알게 하시고
내 마음이 스스로 경계하여
하나님의 사랑과 능력을 의심하지 않게 하시며
믿음과 소망으로 온전한 사랑을 이루게 하옵소서.
오직 주의 지식의 부요함을 의지하게 하옵소서. 아멘.

저녁

오, 밤을 주관하시는 하나님,
아픈 사람에게는 밤이 유난히 깁니다.
공포와 염려, 불안과 온갖 걱정이 엄습하는 밤입니다.

그러나 나는 오히려 주로 인하여 안연(晏然)케 하시고
평안한 밤, 감미로운 밤을 보내게 하옵소서.
이 밤도 나 홀로 내버려두지 마시고
주님의 임재하심 속에
주의 사랑과
돌보심을 확인하는 황홀한 밤 되게 하옵소서. 아멘.

오, 공급하시는 하나님!

이 아침 나의 고통이 아니라 남의 고통을 생각하게 하소서.

이 병원에는 오늘 하루를 어려움으로 보내는 사람들이 많습니다.

참기 어려운 고통 가운데 있는 사람,

사랑하는 사람을 떠나보내는 슬픔을 겪게 되는 사람

불안과 염려에 휩싸여 지내게 될 사람

중대한 결정을 내려야 하는 사람,

그리고 부족한 치료비를 걱정하는 사람

오, 주여, 이 사람들의 형편과 처지에 적절한 복을 주옵소서.

우리의 머리카락까지 다 세시고

우리의 필요를 따라 공급하시는 하나님이시오니

주여, 하루에 한 번, 아니 매 순간마다 함께 하옵소서. 아멘.

저녁

오, 나의 영원한 처소가 되시는 하나님!

이 밤, 약속의 말씀 안에서 평안히 잠들게 하옵소서.

"영원하신 하나님이 네 처소가 되시니
그의 영원하신 팔이 네 아래에 있도다"(신 33:27)
주의 크신 사랑으로 날 안으사 나로 떠내려가지 않게 하소서.
"네가 물 가운데로 지날 때에 내가 너와 함께 할 것이라
강을 건널 때에 물이 너를 침몰하지 못할 것이며"(사 43:2)
주와 함께 있을 때 모든 공포와 염려, 불안이 사라집니다.
"그가 친히 말씀하시기를 내가 결코 너희를 버리지 아니하고
너희를 떠나지 아니하리라 하셨느니라"(히 13:5)
무슨 일을 당해도 결코 나 홀로가 아니란 것을 잊지 않게 하소서.
"주에게서는 흑암이 숨기지 못하며……
주에게는 흑암과 빛이 같음이니이다"(시 139:12)
주 앞에서는 어두움이 없고 오직 빛뿐이오니
오 주여, 이 약속들을 믿어 나로 안심케 하시고
그리스도로 인하여 얻는 기쁨을 누리게 하소서. 아멘.

12일째 아침

오, 치료의 하나님!

감사합니다.

이제 퇴원 날이 가까워졌습니다.

이토록 속히 건강을 되찾게 하시오니 감사합니다.

남은 기간도 끝까지 잘 견디게 하시고

모든 절차에 순응하게 하시며

마지막까지 겸손한 환자의 자세를 잃지 않게 하시고

순간의 방심과

자긍하는 마음으로

아직까지의 치료가 헛되지 않게 하시고

겸비하고도 유순한 자 되게 하옵소서. 아멘.

오, 평화의 하나님!

오늘 베풀어주신 평화에 감사드립니다.

이곳에 있는 동안 서로를 격려하는 가운데

우정을 나누어야 할 사람,

나의 작은 위로가 필요한 사람을

오래 오래 기억하게 하옵소서.

또 웃음과 미소를 잃지 않게 하시고

따뜻한 말 한마디는 어떤 약과 주사보다

치료의 효능이 있다는 것을 알게 하소서.

이 병동의 모든 가족들,

이 병원에서 고통 가운데 밤을 보내는 이들에게

오 주여, 평화의 밤을 주옵소서. 아멘.

오 기다리는 사람의 하나님,
이제 내일이면 이 병원에서의 지루한 시간도 끝납니다.
서둘지 않게 하시고 끝까지 참게 하시며
치료의 절차가 순적(順適)하게 하시되
모든 것을 주께 맡기며 다만, 감사케 하옵소서.
나로 기억하게 하시되
마지막의 하루 이틀이
더욱 많은 시간을 덜어준다는 것을 알게 하옵소서.
더욱 낮아지고 낮아지게 하옵소서.
주의 기다리심을 본받아
성령의 인도하심 가운데, 참고 기다리게 하옵소서. 아멘.

저녁

오, 위로의 하나님
이곳에서의 날들이 나쁘지만은 않았음을 고백합니다.
주께서는 고통 가운데 참음의 유익함을 가르쳐주셨고

그 사랑하시는 자녀들을 연단하시는 것과
고통 중에 세미한 음성으로 위로하시는 것도 알게 하셨습니다.
이토록 속히 건강을 되찾게 하시오니 감사합니다.
그리하여 나의 몸은 건강을 되찾았고
나의 마음은 평강을 얻었습니다.
이제, 하나의 은사를 더하사
범사에 감사하는 마음으로 넘치게 하옵소서.
이 밤, 주와 함께 자려 하오니
주여, 지나간 모든 일에 감사하게 하시고
다가올 미래를 소망으로 기대하게 하소서.
많은 이들에게 사랑의 빚을 졌사오니
나로 사랑의 빚진 자로 살아가게 하시고
나의 영혼 깊은 곳에서 만나주시는
주의 약속 안에서 이 밤, 위로 받게 하옵소서. 아멘.

14일째 아침

오 인자와 긍휼의 하나님,
병원에 있는 동안 겪은 주의 인자와 긍휼이 무궁하고
아침마다 새로우니, 주의 성실하심이 크도소이다.
나의 간절한 기도와
나를 사랑하는 사람들의 중보를 주께서 어여삐 여기사
이곳에서의 나날들에 기쁨을 주시고
지금과는 다른 생의 의미를 발견케 하시오니 감사합니다.
병실에서 드리는 소박한 기도와
주의 말씀과 찬송의 예배를 가납하여 주시고
저 건강한 사람들에게
제 발로 걸어 교회에 갈 수 있는 복이
측량할 수 없이 크다는 것을 알게 하옵소서.
목사님들의 메시지와 성도 간의 교제 가운데
주의 임재를 깨달아 알게 하시고 감격하게 하옵소서. 아멘.

오, 지켜주시는 하나님!

오늘 하루도 지켜 주시오니 감사합니다.

오늘도 이곳에서 한결같은 마음으로

나를 위해 봉사한 사람들에게 감사합니다.

나를 사랑가운데 기억하며

보살펴주고 위로해준

가족과 친척, 친구들에게 감사합니다.

주께는 어두움과 빛이 일반이오니

이 밤도

주의 주시는 평강 가운데 잠들게 하시고

이 어두운 골짜기에서 나를 지켜 주옵소서. 아멘.

새해 첫날 드리는 기도

오 하나님,

나의 생애 가운데

또 새로운 한 해를 맞게 하심에 감사합니다.

병듦으로 인하여 많은 것을 깨닫게 하였습니다.

먼저, 내가 얼마나 많은 시간을 낭비하였으며

헛되이 사용하였는지 알았습니다.

마땅히 감사하여야 할 것에 감사하지 못하였다는 것을

이제야 알았으며

고통을 함께 나누어야 할 사람들이 참 많다는 것도

이제야 보게 되었습니다.

나도 건강이 필요한 연약한 사람이라는 것을

그리고 건강의 소중함을 헤아렸습니다.

주여,

오늘 내가 마땅히 좋은 것으로 여겨야 할

선물에 대해서 알게 하시고

그 선물을 잘 보전하게 하옵소서.

이제 다시 건강이 주어지면
일터에 나아가 이전보다 더 열심히 일하여
나만을 위해 살던 과거를 뉘우치고
많은 사람을 위하여 살게 하옵소서.
아멘.

부활절에 드리는 기도

오 하나님,
오늘 부활절에
새로운 소망을 주시오니 감사합니다.
"예수 부활하셨네!" 찬송하며 기뻐합니다.
이 부활의 소망이 바로 나를 위한 것이며
그 부활에
나 또한 참여할 것을 믿게 하옵소서.
나는 결코 혼자가 아니라
부활의 주께서 나와 함께 하시며
고통가운데서도 참고 견디게 하시고
두려움에서도
주께서 능히 물리치사 대면케 하시며
외로움 가운데서도
주께서 친히 나의 친구가 되어주소서.
그리고 죽음이 다가올 때는
오직 주와 함께, 주 안에서

죽음을 능히 이기고 또 이기게 하옵소서.
오 하나님,
나를 부활의 신앙으로 견고케 하옵소서.
아멘.

성령강림절에 드리는 기도

오 하나님,

오늘은 성령강림절,

주의 성령이 제자들에게 능력으로 임하셨습니다.

그 결과,

두려움에 떨던 비겁한 제자들이

용기와 지혜와 진리, 능력의 사람으로 변화되었습니다.

오 주여, 오늘 나에게도 주의 성령을 주옵소서.

그 담대함으로

내 앞에 당면한 여러 어려움들을

아무 두려움 없이 대처하게 하시고

그 지혜로

나의 하여야 할 바, 말할 바

그리고 나아갈 바에 신실하게 하옵소서.

그 진리로서

오직 의로움과 선함, 착함을 주시는

길이요 진리요 생명 되신 주만을 따르게 하옵소서.

그 능력으로

나의 연약함을 능히 이기게 하옵소서.

주의 능력을 힘입어 강하게 하시고 능하게 하옵소서.

아멘.

성탄 전야에 드리는 기도

오 하나님,

오늘 밤, 우리 집에서는 온 가족들이 함께 모여

내일 성탄절을 준비하느라 한창입니다.

아이들은 양말을 걸어놓고 선물을 기다리며

몰래 선물꾸러미를 마련하고 행복에 들떠 있습니다.

또 내일 저녁 성탄절 만찬을 준비하며 행복해 합니다.

그러나 나는 가족과 함께 하지 못하고

이곳에 홀로 있습니다.

내가 가족들을 그리워하는 만큼

저들은 나를 그리워하지 않을 것 같다는 생각이 듭니다.

주님, 오늘 같이 아름다운 날 이러한 생각으로

실망하거나 풀죽지 않도록 도와주옵소서.

오직, 우리의 고통 받는 것에 아파하며

이 땅에 내려오신 주님만으로 만족케 하시며

그 사실에 한없이 위로 받으며 기뻐하게 하옵소서.

또한, 이곳에는 나 같은 사람이 많다는 것을 기억케 하셔서 같은 처지의 사람들과 어울릴 수 있게 하옵소서.

오, 하나님

모든 것이 성스럽고 아름다운 밤입니다.

이 밤에 걸맞게 모든 이름의 고통을 제하여 주옵소서.

아멘.

성탄절에 드리는 기도

오 하나님, 크리스마스에
집을 떠나 이곳에 있는 나의 처지가 조금 처량합니다.
물론 가족들이 매우 그립습니다.
집에서는 내가 빠진 채,
성탄절 전야를 보내느라 한창이겠지요.
나는 다만, 주의 풍성하신 은혜를 인하여 감사하오니,
그동안 나에게 보여주셨던 모든 것,
나를 사랑하는 가족과 친구들이 보내준
선물과 성탄 카드에 또한 감사합니다.
주께서 미리 구비해두신 좋은 환경에서 치료받으며
그리스도의 사랑으로 돌보아주는 의사들, 간호사들
이 병원의 모든 직원들에게도 감사합니다.
저들에게도 성탄의 기쁨으로 충만하게 하옵소서.
오 주님, 이 즐거운 은총의 날에
나의 마음 한구석에 우울한 기색이 없게 하시고
오늘을 크리스마스 선물과 파티의 날보다는

주께서 죄인들과 함께 하시기 위하여
사람의 몸을 입으시고 이 땅에 오셔서
죽기까지 낮아지신 날이라는 것을 잊지 않게 하옵시고
나도 주의 낮아지심을 본받아 낮아지게 하소서.
아멘.

한 해의 마지막 날에 드리는 기도

오 하나님,
금년을 시작하면서
이렇게 한 해의 마지막 날을 병원에서 보낼 것이라고
생각하지 못하였습니다.
우리 인간이
바로 앞에 일어날 일을
미리 알 수 없고 볼 수도 없다는 것이
참 좋은 선물로 여겨집니다.
금년 한 해, 나에게 주어졌던 모든 일에 감사합니다.
나를 즐겁게 하는 좋은 기억들,
내 육신의 연약함으로 인하여
더욱 겸손하게 된 것도 감사합니다.
나로 늘 주를 기억하며
주의 은총에 목말라 하게 하심도 감사합니다.
나의 가족, 친구들, 나를 사랑하는 사람들의
변함 없는 우애와 헌신적인 보살핌도 감사합니다.

무엇보다 이 기간을 통하여
사람들이 자신의 친절을 어떻게 보일 수 있는지, 또
적절한 위로의 말 한마디가 얼마나 좋은 것인지를
알게 하신 것도 감사합니다.
또, 의사와 간호사들이 사람들의 생명을 위하여
얼마나 중요한 직책을 맡고 있는가를 알게 되었고
건강의 소중함도 새삼 알았습니다.
나의 시간들을,
주께서 나에게 허락하신 귀한 은사들을
헛되이 낭비하지 않게 하옵소서.
아멘.

3장

치료와 관계된 이들을 위한 기도

PRAYER FOR THOSE
WHO ARE ENGAGED HEALING

외과의의 기도

오, 하나님,
주께서는 귀한 은사와 함께
다른 사람의 생명을 나의 손에 맡겨주셨사오니
주여, 이 고귀한 책임을 잘 감당하게 하옵소서.
수술에 임해서는 언제나
먼저 필요한 것을 볼 수 있는 지혜의 눈을 열어 주시고
이를 바르게 행하는 용기와 담력을 주시고
올바른 판단력을 주옵소서.
환자들이 내 앞에 올 때에
긴장하며 불안해하고 있다는 것을 기억케 하시고
나에게 지극한 동정심의 은사를 더하여 주사
아파하는 사람들과 함께 아파하게 하시고
나의 온 몸과 뜻과 정성을 다하여 돌보게 하옵소서.
수술을 마친 뒤에는
나의 모든 치료 행위가
주 예수께서 나를 통하여 행하셨다는 것으로 알고

다만 주의 도구가 된 것에 감사할 뿐,
자긍하지 않게 하옵소서.
나의 영리함과
주님의 위대하심을
동시에 드러낼 수는 없다는 것을 잊지 않게 하옵소서.
아멘.

# 의사들의 기도

오, 하나님
환자를 맞을 때마다
저들의 참을 수 없는 고통을 덜어주며
연약한 몸을 부축하며
마음 깊은 곳의 불안을 가라앉혀 주는 일이
나의 본분임을 잊지 않게 하옵소서.
건강한 사람에게는 의사가 필요 없고
병든 사람에게라야 의사가 필요하다고 말씀하시면서
영과 육을 회복시켜 주신 주님을 기억합니다.
환자를 임상 연구의 대상으로 여기지 않게 하시고
그들 역시
나와 꼭 같은 인격체임을 또한 잊지 않게 하옵소서.
참아야 할 일에는 온유함으로 길이 참게 하시고
견뎌야 할 일에는 낮아지기까지 견뎌내며
그러나, 엄격해야 할 일에는 또한 엄하여서
주께서 주신 사랑의 은사를 온전히 이루게 하소서.

결코 나 스스로의 지식에 의존하지 않게 하시고
매순간 필요한 주의 지혜를 따라 처방하여
주의 손을 대신하게 하옵소서.
병든 사람, 아픈 사람이 나았을 때는
주께서 이루신 치유의 역사가
부족한 나를 통하여 오늘에 계속되었음에 감사하게 하시고
이 세상에 모든 아픔과 질병과 고통을 없이 하시려는
주님의 선한 청지기로서의 삶에 만족하게 하옵소서.
아멘,

수련의의 기도

오, 하나님,
하나님께서 창조하신 고귀한 생명을 다루는 일에
내가 쓰임 받도록 부르심에 합당하게 하옵소서.
의사로서의 성스러운 직책에 꼭 필요한
교양과 지식, 기술을 부지런히 익히게 하시고
무엇보다 환자를 단순히
병든 몸, 마음이 왜곡된 사람으로 보거나
이러저러한 문제를 지닌 또 하나의 사례로 여기며
사람을 흥미로 다루지 않게 하옵소서.
다만, 고통 당하는 형제로 여기며
환자의 경제상태를 염두에 두는 일은 결코 없게 하옵소서.
의술을 배우면서 무엇보다
누구도 가르쳐주지 않는 동정심을 많이 배우게 하시고
어느 누구도 질병의 위협으로 불안해하며
의사가 필요한 사람이라는 것을 기억하게 하옵소서.
오, 주여!

나로 환자의 마음을 평안케 하는 의사가 되게 하소서.
오직 선함과 착함으로 온유하고 겸손한 마음으로
위대한 치유자 되시는 예수께서
나를 통하여 역사하시는 것을 알게 하옵소서.
아멘.

간호사들의 기도

오, 하나님,
나로 양순하고도 부드러운 유모가 되게 하옵소서.
사람들을 편안하게 하며
안전하게 보호하기 위해 필요한 기술과 지식을
속히 습득하게 하시고
무엇보다, 보채며 성가시게 이것저것 요구하는 사람에게
주께서 온유함으로 오래 참으신 것처럼
나도 그렇게 행하게 하옵소서.
또 어린아이처럼 고집부리는 환자,
말을 잘 듣지 않고 협조하지 않는 환자에게도
부드럽게 대할 수 있도록 나를 변화시켜주옵소서.
또한, 신경질로 불안정하며 두려움 가운데 있는 사람들을
동정하는 마음으로 안정을 끼치게 하시고
참 봉사하는 자세로,
웃음과 미소를 잃지 않게 하시고
주께서 치료하기로 작정하신 사람에게 베푸시는

주 예수의 치유의 사역에 동참하는 것으로
나의 즐거움을 삼게 하옵소서.
아멘.

병원에서 접수 담당하는 이들의 기도

오, 하나님, 나는
병원을 찾는 사람들이 문을 열고 들어서면서
처음 만나게 되는 사람입니다.
언제나 온화한 미소와 친절한 자세를 잃지 않게 하시고
나로 늘
그들의 불안하고 걱정하는 심정을 헤아려
그에 합당한 태도를 유지하게 하옵소서.
병원을 처음 찾는 사람은 누구나 낯설어하고
무슨 일을 당하게 될지 몰라
조금은 신경질적이고 불안하다는 것을 이해하오니
주여, 나의 표정으로 사람들이
가족과 같이, 가정과 같은 편안함을 느끼게 하옵소서.
나의 익숙한 몸짓으로
효과적으로 일을 처리하게 하시고
믿음직스럽게 하소서.
고통 가운데 있는 사람을 특별히 사랑하시며

언제나 따뜻함으로 맞아주시는 주 예수의 언행을
늘 본받아 닮아가게 하옵소서.
아멘.

 짐을 나르는 이들의 기도

오, 하나님,
나는
모처럼 병원을 찾는 사람들이
처음 맞닥뜨리는 사람입니다.
저들은 거의가 원하지 않는 방문입니다.
나로 그들의 불안하고 염려스러운 마음을 알게 하시고
언제나 밝은 표정과
친절한 마음가짐을 잃지 않게 하옵소서.
또 나를 보면서
병원은 무서운 곳이거나 불필요한 기관이 아니라
오히려 건강이 상한 사람에게
꼭 필요한 곳이라는 것을 느끼게 하옵소서.
주께서는 아직도
이곳에 계셔서 사람들을 어루만져 치료하시며
또 우리와 함께 동역하기를 원하시오니
나의 일을 행함에 있어

주 예수의 위대한 치유사역의 일부를 담당하게 하시고
주 예수의 하셨던 일에 즐거움으로 참여하는
보람과 긍지를 주옵소서.
아멘.

병원 기계를 다루는 이들의 기도

오, 하나님,

나의 하는 일은 가려 있어 사람들이 잘 알지는 못합니다.

의사나 간호사, 병원의 여러 직원들처럼

환자를 직접 접촉하는 일은 없습니다.

그러나 사람들은 나를 못 볼지라도 나는

나의 하는 모든 일에서

사람들을 볼 수 있게 하옵소서.

그늘에서 나의 하는 일이 무엇이든지 사람들을 돕고

치료에 꼭 필요한 일이란 것을 기억하게 하소서.

나의 하는 일에 신실하게 하시고

정직하게 하시며

즐거움으로 봉사하게 하옵소서.

나의 받는 급료에 만족하지 않게 하시고

많은 사람의 평화를 위하여

꼭 필요한 일을 한다는 보람을 느끼게 하옵소서.

아멘.

병원 연구원들의 기도

오, 하나님,
나의 하는 일의 중요성도 알게 하시고
꼭 필요한 일인 것도 깨닫게 하옵소서.
환자의 기록에 나타난 작은 숫자 하나, 현상 하나도
무심코 지나치지 않게 하시고
실수로 인하여
환자의 치료에 어려움이 발생되지 않게 하옵소서.
매사에 정확하게 하시되
일을 서두르거나 부주의한 데서 비롯되는 실수를
막아 주옵소서.
나의 하는 일이 숙달되지 않아 어려워서, 또 지체되어서
환자의 치료 시기를 놓치는 일이 없게 하시고
일하는 동안
늘 연구실 벽 바깥에 아픈 사람들을 보게 하시며
내 수고의 결과로
고통 가운데 있는 사람이 치료받고

고통 당하는 사람이 편안함 가운데 있게 하옵소서.

그리하여 원인을 찾고 분석하는

나의 손을 인도하시고

나의 마음을 지도하사

모든 하는 일에 적절하게 하시며

효과가 있게 하옵소서.

아멘.

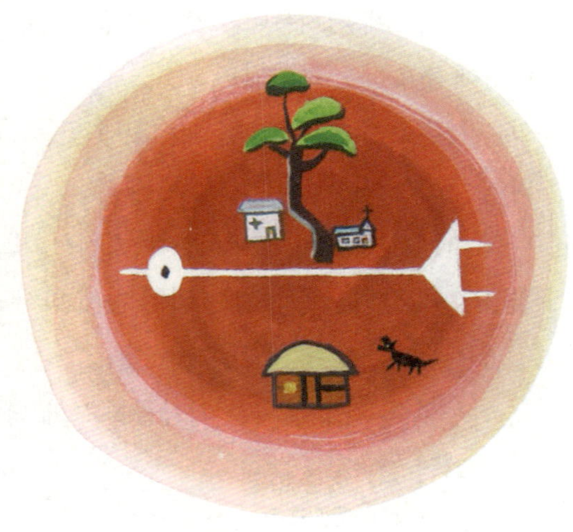

병원에서 청소하는 이들의 기도

오, 하나님
우리가 이 병원에서 하는 일들이
크고 두드러지는 일은 아니지만
매우 중요한 일이라는 것을
늘 기억하게 하옵소서.
병원에서 가장 필요하고 또 중요한 일은
눈에 보이는 곳과 보이지 않는 곳을
청결하게 하는 일이겠사오니
이러한 일을 저에게 맡기셔서
병원의 안과 밖을
깨끗이 유지시켜 주시니 감사합니다.
나의 하는 일에 긍지를 느끼게 하시고
감사함으로 또 기뻐함으로 감당하게 하옵소서.
그리하여 우리 병원이
환하게 하시고 밝고 쾌적하여 보기에 아름답고
환자들에게는 내 집 같게 하시고

편안하게 하옵소서.

우리의 하는 일이 병원에서는 매우 중요하오니

이로써 합력하여 선을 이루게 하옵소서.

아멘.

구급차를 운전하는 이들의 기도

오, 하나님,
나의 하는 일은 촌각을 다투는 일입니다.
사고를 당한 사람, 아픈 사람을
빠른 시간에 병원으로 데려와
치료받게 하는 일은 매우 중요합니다.
항상, 신속하고 또한 안전하게
효과적으로 그리고 친절하게
일을 수행케 하옵소서.
그러나 나의 하는 일이 다급하고 중요하다고 해서
다른 사람의 일에 폐가 되지 않게 하시고
꼴사나운 행동으로 거리낌을 주지 않게 하시되
그 시간과 장소에 적합한 내가 되게 하옵소서.
다만, 최선을 다하여
나에게 맡겨진 환자를 편안하게
그리고 올바른 방법으로 돕게 하옵소서.
아멘.

병원 주방에서 일하는 이들의 기도

오, 하나님,
나의 일이
입원 환자들의 영양을 책임지고
회복을 돕고 편안한 병원 생활이 되게 하는 데
매우 중요하다는 것을 늘 잊지 않게 하옵소서.
환자가 회복되기 위해서는
올바른 방식으로 준비된 좋은 음식이
무엇보다 중요하오니
주여, 우리의 하는 일을 가볍게 여기지 않게 하시고
즐거움으로 식사를 준비하게 하옵소서.
나는 환자를 직접 대하는 일은 없지만
그들 모두 하나 하나가
음식을 맛있게 먹게 하시고
골고루 섭취하게 하셔서 속히 회복되게 하옵소서.
나의 하는 일이 전문적이라는 것에
큰 자랑을 느끼게 하시고

하나님께서 친히 맡기신 일이오니
최선을 다하게 하옵소서.
나의 작은 수고를 통하여
이 병원이 원활하게 운영되게 하시며
이곳이 부지중에 천사를 대접하는 처소가 되게 하옵소서.
아멘.

사회보장 시설에서 일하는 이들의 기도

오, 하나님,
주께서는 나에게 사회보장 병원의
중요한 일거리를 맡겨주셨습니다.
여기에 오는 사람들은 각색의 문제와 고통을 안고 있습니다.
주여 나로 하는 일에 능률적이고 전문적이게 하시되
언제나 웃음과 미소를 잃지 않게 하시고
혹, 어리석은 말과 행동으로 다른 사람을 불편하게 하는 사람,
참을성 없이 보채며 성가시게 말하는 사람,
감사를 모르는 사람,
자기 스스로는 아무것도 할 수 없는 사람을 대하더라도
참고 인내하게 하옵소서.
또 늙은 사람, 의지할 데 없이 외로운 사람
돌보아 줄 사람 없이 병원에 남겨진 사람
이유를 모르는 채 불안에 떠는 사람
돌아갈 집이 없는 사람에게
각별한 사랑을 베풀게 하옵소서.

게으른 사람, 꾀병 부리는 사람

투덜거리며 불평만 늘어놓는 이들에게는 엄격하게 하시되

그러나 그들을 위해서도 무엇인가 준비하게 하옵소서.

모든 사람에게 꼭 필요한 사람이 되게 하시고

매사를 명확하고 공정하게 그리고

신속하고 확고하게 처리하여

누구로부터도 원망 살 일이 없게 하옵소서.

그리고 언제나 나의 맡은 본분

사람들을 섬기며 편안하게 하는 일이라는 것을

잊지 않게 하옵소서.

아멘.

병원에서 사무 보는 이들의 기도

오, 하나님 !
병원에서 치료하는 일이 효과적으로 진행되기 위하여
각종 행정 업무가 뒷받침되어야 합니다.
약속된 예약 시간에 차질 없이 진료가 진행되도록
환자의 모든 기록들이 제대로 유지 보전되도록
서류들이 잘 수발(受發)되도록
병원에서 사용되는 중요한 물품이 잘 보관되도록
재정이 빈틈없이 흘러가도록 하는 일 등입니다.
나의 하는 일은
치료와는 직접적인 관계가 없지만 매우 중요한 분야입니다.
그러나 주여, 나로
나의 일이 없이는 병원이 돌아가지 않는다는 사실을,
또 환자들의 치료에 꼭 필요한 역할로서
많은 환자들을 돕는 선한 일인 것을 자각하게 하시고
환자의 모든 기록을 꼼꼼하게 보존함으로
의사들이 올바르게 처방하며 치료할 수 있게 하옵소서.

그리하여 나의 하는 일에서
사무 절차나 편의성보다도
개개인의 인격을 중요시하게 하시고
한 사람의 생명을 온 천하보다 귀하게 여기시는
주님의 심정에 참여하게 하시고
오직 "사람"만이 궁극적인 목적이 되게 하옵소서.
아멘.